高等院校专业建设实践与探索丛书

2012年至今辽宁省对接产业群建设示范专业；
2010年国家示范专业建设物流专业群专业之一。

The Practice and Exploration
of the Marketing Specialty Constrution

市场营销专业建设的
实践与探索

郭兆平 程 虹 王潇潇
吕 慧 徐文飞 郭美娜 著

经济管理出版社
ECONOMY & MANAGEMENT PUBLISHING HOUSE

图书在版编目（CIP）数据

市场营销专业建设的实践与探索/郭兆平等著. —北京：经济管理出版社，2016.9
ISBN 978-7-5096-4322-8

Ⅰ.①市… Ⅱ.①郭… Ⅲ.①市场营销学—学科建设—研究—高等职业教育 Ⅳ.①F713.50-4

中国版本图书馆 CIP 数据核字（2016）第 063294 号

组稿编辑：王光艳
责任编辑：许　兵
责任印制：黄章平
责任校对：超　凡

出版发行：经济管理出版社
　　　　　（北京市海淀区北蜂窝 8 号中雅大厦 A 座 11 层　100038）
网　　址：www. E-mp. com. cn
电　　话：(010) 51915602
印　　刷：北京九州迅驰传媒文化有限公司
经　　销：新华书店
开　　本：720mm×1000mm/16
印　　张：13
字　　数：218 千字
版　　次：2017 年 1 月第 1 版　2017 年 1 月第 1 次印刷
书　　号：ISBN 978-7-5096-4322-8
定　　价：58.00 元

前　言

大连职业技术学院经济管理学院市场营销专业建立于 1997 年，近几年中，进行了两个重大专业项目的建设，在人才培养方案、课程建设等方面，进行了大量的实践、探索和研究，积累了很多专业建设的经验，促进了专业建设的长足进步，为本书的完成奠定了丰厚、坚实的基础。这两个项目分别是 2010 年作为国家示范校建设的重点专业——物流专业的群专业之一，按照国家示范校的标准进行了三年的建设，通过了项目的验收；2013 年，又作为辽宁省对接产业群示范专业进行了项目的建设，在示范校建设的基础上，结合目前高职教育教学的重点问题，自主进行了项目的规划，针对示范校建设"遗留问题"，尤其是在人才培养模式和素质培养方面，经历两年有针对性的建设，形成了符合专业建设基础、专业特点的人才培养模式和素质体系构建，极大地提升了专业建设的水平。

同时，通过项目的建设，全体专业教师对高职教育教学的认识、实践和研究能力都有了长足的进步，在专业建设的各方面都取得了一定的研究成果，通过一年的研究、设计和沉淀，形成了本书。希望借此固化与提升建设成果，并且能清楚认识"建设弱项"，同时也把这些内容提供给同行供其批评借鉴，也为高职教育积累一些素材。

本书的主要内容是从高职专业建设的人才培养规格、人才培养模式、课程体系与课程改革、实践教学、素质体系构建五个方面总结了专业从成立至今的理论研究和实践探索工作。每一章都分成两个层面：相关的理论研究是专业建设的理念和依据，是 20 年以来对高职教育的理解；对应的实证研究是全体专业教师的心血结晶，也是这本书的核心内容和精髓。

本书的主要特色及特点有以下三个方面：

第一，整体的框架体系构建。按照专业建设的逻辑顺序进行了整本书的框架构建。本书分为专业人才培养标准和规格、人才培养模式、课程建设、实践教学体系以及专业素质体系构建五个方面的内容。第一章明确了专业的顶层构建；第二章探索了人才培养的路径和模式，其也是实现人才培养的重要支撑；第三章是人才培养具体实施的基础内容，即课程建设；第四章是现代高职教育中的重要内容，即实践教学的改革和实施；第五章是目前高职教育中关注的素质培养问题，总结了专业素质体系构建和主要实施的途径及方式。

由于师资队伍建设的特点不够突出、评价体系不成熟没有列在专著中，将会在以后的专业建设中继续进行探索和研究。

第二，理论研究和实践探索相结合，侧重实践探索的总结。本书的每一章节都包括了两个层面的总结，既有专业建设的理论层面总结，也包括结合专业和符合本地经济发展需要的专业建设实践，而重点在实践和实施层面上。

以第一章为例，即高职市场营销专业人才培养目标与规格。

理论研究部分包括两方面问题：一是专业发展与人才培养方案的顶层构建，从理论上回答了专业人才培养方案建设的内涵和顶层构建的依据；二是市场营销专业人才培养目标与规格的确定，探索了专业标准建设的主要任务、形成路径等。

实践与探索部分包括了三方面内容：一是市场营销专业人才培养方案，这是专业建设的核心内容和指导性文件；二是市场营销专业人才需求报告，是最新一次为了完成专业标准建设进行的调研总结；三是在专业标准建设中使用的工具，包括企业行业、毕业学生等问卷。这些实践是专业建设的重要基础性文件和素材，可以为同类专业的建设提供素材和方法上的借鉴。

第三，各章节的创新，也是本书的重要特色和价值。本书汇集了近20年专业建设的实践和探索，每一章都含有一定意义的创新，其中，重要的创新内容主要有三个方面：

首先，市场营销专业人才培养模式的探索和实施。在对专业建设不断实践、总结和修订的基础上，根据市场营销专业技能人才的职业成长规律和特点，结合学院实际的教学条件和校内外实训条件，开发出了以能力培养为核心的"1311"交互上升式人才培养模式（具体在第一章第三节中），该人才培养模式具有一定的独创性。

其次，市场营销专业实践教学体系创新与实践。除了与其他高职院校建设一样，注重了"以赛促练"等项目外，最重要的创新在于进行了理实一体课程的实践教学项目开发的标准化建设。从实践教学目标与重点、实训方法建议等七个方面进行实践教学项目的规范化，并依据规范列举了六门课程的典型实践项目开发的案例。

最后，市场营销专业素质教育体系的构建和创新。在学校层面对素质培养体系构建进行了尝试，其包括三个方面：从学校顶层设计职业素质教育课程体系；组建无界化的职业素质教育团队，并提供组织保障等；然后，进行专业层面的尝试，比如，在第二课堂规定了"陌拜任务和项目"，以提高市场营销专业学生的专业素质等。

专业全体教师都参与了本书的写作，郭兆平、程虹老师负责整体统稿。

特别感谢李国艳教授在本书框架设计方面给予的指导，尤其在第五章中，对学校宏观层面素质体系构建和设计的总结，成为专著的"点睛之笔"；也感谢同行们的实践和对本书的贡献及启迪；感谢工商银行锦州分行的王因从企业角度给予的人才需求方面的建议和提供的企业营销案例。

目　录

第一章
高职市场营销专业人才培养目标与规格

大连职业技术学院经济管理学院（以下简称我校）市场营销专业建于 1997 年，并于当年正式招生，目前，专业随着经济社会的发展进入稳定、成熟快速发展时期。

按照高职院校专业建设的实践和理念的发展，依据本学校专业建设的具体操作要求和步骤，根据本专业建设基础，从 2012 年开始，我校对专业人才培养方案进行了重新构建，取得了阶段性的建设成果。

第一节　专业发展与人才培养方案的顶层构建

专业人才培养方案的建设是从顶层构建了人才培养的规格和标准，决定了人才培养的质量和方向。

一、专业人才培养方案建设的内涵

1. 人才培养方案的内涵

教育部早在 2000 年的《关于加强高职高专教育人才培养工作的意见》中就指出，人才培养方案是关于人才培养的蓝图、是教育教学的纲领性文件，也是我校本次人才培养方案和专业标准建设的依据文件，其给予了专业人才培养的具体思路和指导。

该意见中指出人才培养方案的内涵包括以下六个方面：一是人才培养方案是人才培养模式的一项重要内容，是人才培养目标与培养规格具体化、实践化的形式，是实现专业培养目标和培养规格的中心环节，每个专业人才培养的起点都是从人才培养方案的制定开始的，其内容包括培养目标与规格、课程体系、人才培养方案设施保障等过程和方式的描述和设计；二是人才培养方案是在调查企业职业岗位需求的基础上，对学生需要具备的岗位能力、专业能力以及素质的培养过程进行的整体设计，包括课程体系、第二课堂活动的安排等；三是人才培养方案不仅包括课程体系的设计，还包括师资队伍、校内外时间教学条件等专业教学资源条件的安排；四是人才培养方案除了计划性，更侧重它的系统性和可实施性，制定的人才培养方案必须符合专业的实际，是可实行的；五是人才培养方案是学校教学工作稳定运行、各项政策和规定制定与实施、专业、课程、师资、实训基地等教学基本建设的基础，是组织和管理教育教学过程的基本依据；六是人才培养方案不是一成不变的，人才培养方案在保持相对稳定的前提下也要与时俱进，使其符合变化了的社会需求。

2. 人才培养方案建设内容

作为一个较为完整的人才培养方案至少应该包括如下四个部分的工作：专业的市场需求分析，这是人才培养方案制定的依据；专业的人才培养方案的目标与规格（含专业培养目标、规格、专业服务产业集群、专业就业岗位），这是人才培养的起点；专业课程体系与标准（含职业岗位与能力、课程体系框架），为培养学生的职业能力奠定基础；教学保障条件（校企合作方式、第二课堂活动安排、毕业条件、专业教学资源条件、人才培养模式建议、人才培养方案实施保障），研究资源与保障机制，建立人才培养方案实施的配套机制，使人才培养方案能够稳定运行。人才培养方案的建设是一个系统工程，从需求、培养到保障体系构成了一个完整的系列，缺一不可。

二、市场营销专业发展和人才培养方案的顶层构建

1. 市场营销专业的发展

从市场营销专业建立至今，人才培养目标和规格随着高职教育的发展和经济发展的需要，主要经历了三个阶段：第一阶段，以专业的知识体系为培养目标时期，在专业建立的初期，人才培养方案主要是以市场营销专业的知识体系为主，虽然与大学本科的人才培养体系有差异，但是，在本质上差异较小，专业人才培养突出的是知识体系的培养；第二阶段，是以专业的能力培养为主要培养目标的

时期，在高职示范校建立前期，人才培养方案是以能力模块为主，学习和借鉴的是澳大利亚的职业教育的理念和模式；第三阶段，是以专业的岗位能力培养为培养目标的时期，在示范校建立之后，直至今天，人才培养方案主要是以专业服务和就业的岗位能力培养和职业素质养成教育为主，学习和借鉴的是德国的"双元制"职业教学理念和模式。

2. 市场营销专业建设理念

我校市场营销专业建设依托科学的顶层设计，从培养岗位适用人才与学生长远发展出发，按照理实一体深度结合的基本要求，打造专业人才培养模式与课程体系，并通过多维建设，逐步创新专业建设，打造特色，形成品牌专业。

3. 市场营销专业人才培养的顶层构建

市场营销专业作为辽宁省对接产业集群的示范专业的成长是显著的。在专业建设的过程中，人才培养理念和构建方式等都在不断地进步，以示范专业建设为主要分水岭，在人才培养模式的构建和践行过程中，高职教育的理念和实践也有了较大的进步，主要体现在以下三个方面：

（1）明确了人才培养的顶层构建依据。在人才培养的过程中，人才培养的顶层构建是基础、依据和关键，如何确定人才培养的顶层构建依据，决定了人才培养的方向、适应性。通过示范专业建设之后，明确了顶层构建的三个主要方面：

1）专业所服务的地方经济发展和岗位需要是顶层构建的基础，也更能体现高职教学的目标和主要职能。市场营销专业从建立、快速发展到目前的稳定发展，都是随着市场经济的发展而发展，以各行业的营销岗位需求为专业建设的基础。

2）专业学生的就业岗位是专业顶层构建的另一个重要依据。学生就业的岗位分为首岗就业岗位和拓展或发展性岗位，首岗就业岗位是专业人才培养方案的顶层构建的基础，拓展岗位是专业顶层构建中拓展知识和能力的部分，也是专业能力培养中的提升部分。在市场营销专业建设过程中，主要定位于三个产业集群：一是以商超零售为主的商业产业集群；二是咨询服务产业集群；三是结合学校机械、电子等专业优势，逐步向生产制造业产业集群发展。因而市场营销专业学生的首岗就业岗位定位在这三个产业集群中的市场专员、销售代表（促销员、导购员、销售助理）、客服专员和策划助理等岗位。这些岗位需求的特点，一是实践工作经验需求少；二是营销岗位属于最基层的职位，是学生未来职业发展的基石；三是这些岗位的艰辛性也锻炼了学生坚强的意志品质。学生能够获得市场最前沿的信息，能够直接和消费者紧密接触，使学生得到了更好的锻炼和成长。所以，从职业生涯规划的角度，学生更多地愿意选择这样的岗位，因此，在专业人才培养方案的构建中，将市场专员、销售代表（促销员、导购员、销售助理）、客服专员和策划助理作为专业培养的基础岗位；基础岗位的发展和拓展岗位是管理类岗位，因此，在人才培养方案中构建了企业管理、客户满意管理等管理类课程，使学生能为职业上升做好知识的储备，创造职业上升的空间。

3）专业基础和选择。任何专业的建设都有其发展的基础，比如，本学校的专业布局、实习实训条件、师资队伍等，在示范校和示范专业建设的过程中，根据专业人才培养服务于大连商业和咨询服务业的特点和需求，将市场专员、销售代表（促销员、导购员、销售助理）、客服专员和策划助理等相关岗位作为了本专业的基础岗位，但是，有一部分学生由于性格等原因不愿意从事营销岗位，更愿意选择行政类低挑战性的工作，因此，在人才培养方案的构建中，将人力资源管理等课程作为拓展知识部分，同时，学院通过选修课、第二课堂和学生社团等多种形式，加强学生办公自动化等基本技能的训练，在保证人才基本目标的基础上，给学生以更多的可拓展性选择。

（2）明确了专业顶层构建的主要内容。围绕专业服务岗位的职业能力和职业技能的培养，主要从课程体系、实践教学体系和素质体系三个方面进行专业人才培养的顶层构建。三个体系都围绕着为行业企业提供合格的市场营销专业的人才培养展开，其具体内容见第三节第一部分的人才培养方案。

（3）确定了专业顶层构建的稳定性和动态性关系。顶层构建是专业建设的指导和标准性文件，为专业人才培养提供依据，因此，要保持一定的稳定性。但是，由于专业所服务的地方经济社会是不断发展的，尤其是各种新兴营销方式的不断涌现，对商业零售行业来讲，典型的案例就是随着"互联网+"和电子商务行业的快速发展，线上销售与传统的线下销售存在着较大的差异，在课程体系和实践教学体系的构建中，就应该依据社会经济的发展，修改其中的内容，满足各行业发展的需要，因此，专业的顶层构建除了保持稳定外，也要随着经济社会的发展不断地进行调整。除了局部的调整外，在三年左右的建设时间内，进行专业的再论证和整体的修正，保证专业建设的与时俱进，对专业建设进行动态管理。

4. 市场营销人才培养方案的重构

根据专业人才培养方案动态管理的需要，从2012年起进行了本轮的专业人才培养方案和标准的建设，历时近三年的时间，完成了人才培养方案的顶层构建。

第二节　市场营销专业人才培养目标与规格的确定

一、专业标准建设的步骤和主要任务

市场营销专业的标准重构（因为是建立在原有人才培养方案的基础进行，因此也是一个重构过程）主要分为三个步骤，如图 1-1 所示。

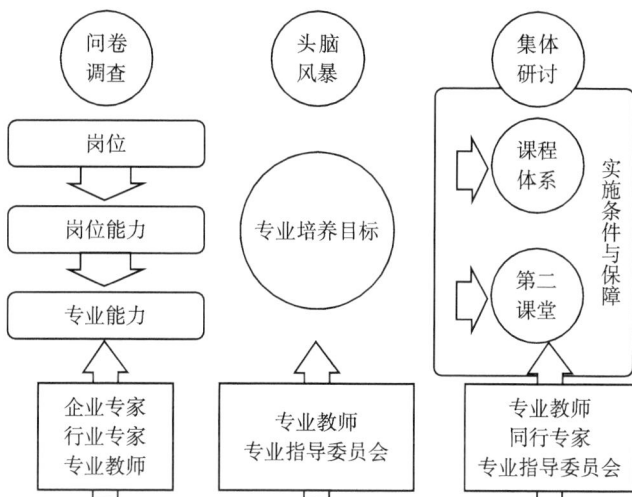

图 1-1　市场营销专业标准重构的步骤

1. 调查阶段

调查的对象包括企业、行业、省内同类院校、本科院校、行业协会等，重点的是三年以来毕业生的就业调查；调查内容包括专业对应的就业岗位、岗位需要的职业能力、素质等。参与调查的主体为企业专家、行业专家和专业教师。

2. 分析研究形成专业目标和课程体系阶段

根据上述的调查，结合原有专业人才培养方案的内容，通过集体研讨、头脑风暴等方法，分析专业服务的行业类型、培养的岗位以及岗位群，分解岗位能力需求，确定专业能力，确定知识、能力和素质要求，确定专业人才培养目标，并根据岗位的需求确定课程，形成课程体系。主要参与者是教师、同行以及专业指导委员会。

3. 通过研究确定人才培养方案的保障体系

根据原有专业建设的成果，结合专业新的建设目标，提炼形成专业人才培养模式建议、第二课堂的设计以及人才培养方案实施的保障系统的建设规划等，这些保障系统包括校内外实习实训条件的建设、师资队伍的建设规划以及教学管理制度等。主要参与主体为专业教师、同行专家、专业指导委员会。

二、市场营销专业的人才培养方案建设与形成路径

1. 人才培养方案的依据——系统、完备的调研工作（形成调查报告，具体见第三节第二部分）

最新的市场营销专业人才培养方案的建立，即 2015 年市场营销专业人才培养方案是在 2012 年 7 月开始在校内立项，通过调研、论证、校内的检查和考核，在 2014 年 10 月完成了项目。专业人才培养方案的建设需要根据社会需求引导专业设置，根据职业岗位能力需求引导培养方案。在调研的几个月时间内，市场营销专业七名教师在示范校建设的基础上，主要做了以下七方面的调研工作。

主要调查的路径如图 1-2 所示。

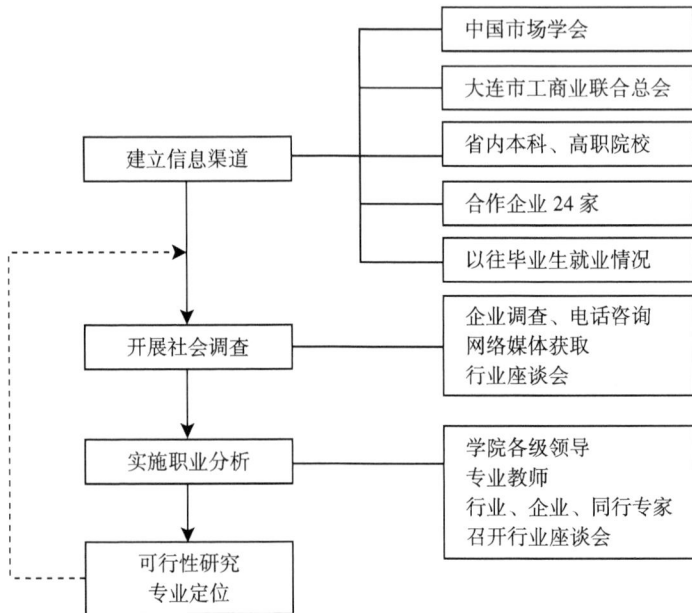

图 1-2　专业整体调研过程示意图

（1）企业调研。调研过程中，全体教师一共重点走访了大连市 13 家企业，其中包括大中型企业九家、小型企业四家，涉及商业零售、保险、信息技术、房地产、咨询服务和加工制造六个行业。在对这些企业的领导进行访谈的过程中，了解到目前大连市各类企业营销岗位的设置情况、企业对不同岗位人才的需求、企业人才招聘的渠道以及企业未来人才需求等信息，并与企业领导就目前对市场营销专业人才的能力、知识、素质等方面的内容进行了探讨，形成了相关数据分析，如图 1-3、图 1-4 所示。

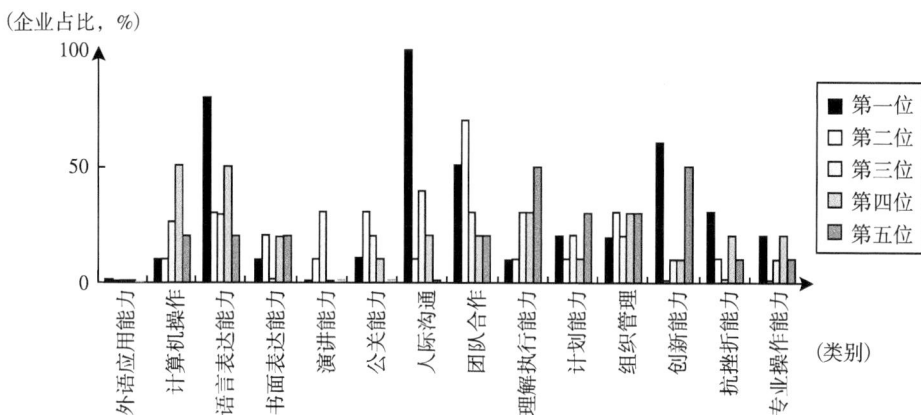

图 1-3　企业对岗位人才的能力要求

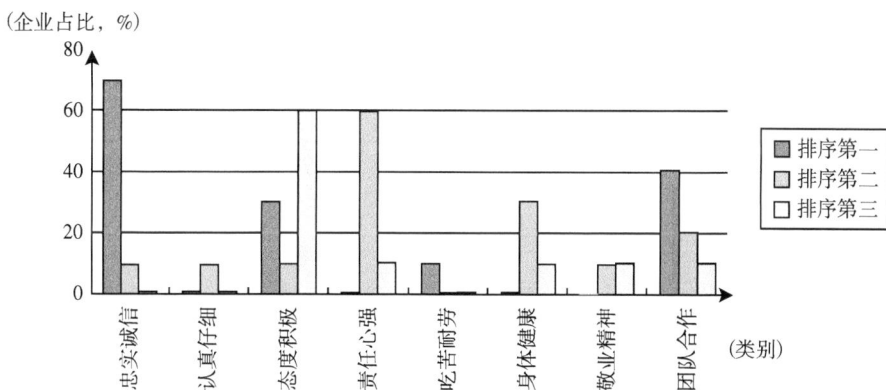

图 1-4　企业所需人才最重要的三个素质排序情况

从图 1-3、图 1-4 的数据中可以看出，企业对营销人员的基本能力的要求，主要注重前五位的能力分别是人际沟通能力、团队合作能力、语言表达能力、理解执行能力和创新能力。企业对营销人员的基本素质要求排在前三位的是忠实诚信、责任心强和态度积极。这为制定人才培养方案提供了有力的依据。

在对企业领导进行访谈的同时，从这些企业中抽取了 35 名员工进行了问卷调查。目的是了解目前市场营销专业对应的省内行业企业职业岗位从业人员基本情况及结构，形成大量的数据分析结果，如图 1-5 所示。

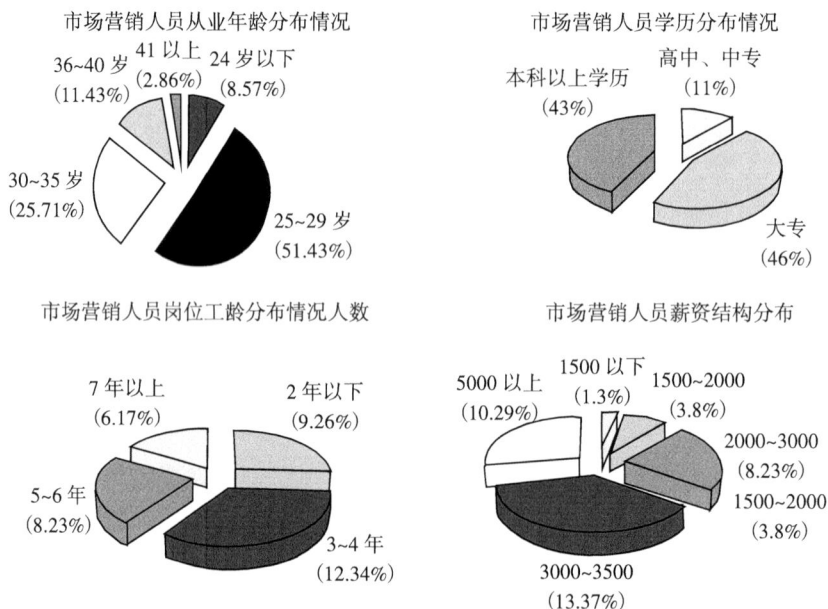

市场营销人员从业年龄分布情况

- 41 以上 (2.86%)
- 36~40 岁 (11.43%)
- 24 岁以下 (8.57%)
- 30~35 岁 (25.71%)
- 25~29 岁 (51.43%)

市场营销人员学历分布情况

- 本科以上学历 (43%)
- 高中、中专 (11%)
- 大专 (46%)

市场营销人员岗位工龄分布情况人数

- 7 年以上 (6.17%)
- 2 年以下 (9.26%)
- 5~6 年 (8.23%)
- 3~4 年 (12.34%)

市场营销人员薪资结构分布

- 5000 以上 (10.29%)
- 1500 以下 (1.3%)
- 1500~2000 (3.8%)
- 2000~3000 (8.23%)
- 1500~2000 (3.8%)
- 3000~3500 (13.37%)

图 1-5　企业营销岗位人员的基本情况

从图 1-5 的数据中可以看出，现在企业市场营销从业人员的年龄普遍较年轻，占最大比例的是 25~29 岁年龄段，这部分人员是毕业后 3~4 年，已经有了较丰富的营销经验，相对来说薪资水平也有了较大幅度的提高。在整个市场营销人员中，学历比例较大的是大专学历，与专业定位相符。

（2）高校调研。高校调研主要是通过网络调查了整个辽宁省 35 所高职院校，25 所本科院校，对目前辽宁省设立了市场营销专业的高职院校以及本科院校的人才培养方案、招生情况、课程设立情况、实训条件、毕业生就业情况等方面进行了调查；并实地走访了辽宁经济职业技术学院、大连枫叶职业技术学院等省内的高校，对专业所对应的市场营销专业负责人进行了调查访谈，最终完成了高校调研部分。

（3）国外同类院校对比。通过网上资料及参加培训时获得了同行业的相关资料，以新加坡南洋理工的商务管理学院和澳大利亚的 TAFE 人才培养模式为参照案例，对国外同类院校开设市场营销专业的目标、模式、标准等方面进行了比较分析，如表 1-1 所示。

表 1-1　国内外职业教育模式的比较

比较项目	国内模式	国外模式
基础	以学科、知识为基础	培养能力为基础
依据	以学制、时间为依据	实际表现为依据
进度	根据群体掌握进度	根据个人掌握进度
反馈	滞后的反馈	及时的反馈
教材	以课本为教材	模块、多媒体、材料
场所	课堂教学	实训课堂、现场
方式	以课堂为主稍加演示	在教师指导下以学生演练为主
目标	共性的目标	目标非常具体
标准	大纲规定的标准	师生共同客观评价
结果	学生考试得分	学生掌握的能力

国外职业类院校的主要特点，其不仅重视课程和教学，更注重整体体系的评价与控制，这是我们所欠缺的。另外，值得学习的是从第二年开始国外职业类院校比较注重拓展专业的学习，学生在学习市场营销专业的同时可以从人力资源管理、国际商业管理、创业管理等专业中选择出第二专业进行同时学习，提高自身的管理能力和就业面，并对学习效果的评价也有一整套完备的评价体系和指标，值得学习和借鉴。而我们的学生只能进行单一专业的学习，管理类的课程学习较少，比较注重从职业岗位能力、专业基础能力和核心通用能力三个方面对学生进行培养。

（4）行业协会调研。由于市场营销专业面向的是各行各业，没有专门的所属行业，所以对中国市场学会进行了电话访谈，同时对大连市工商业联合总会、政府权威机构进行了专项调查访谈。主要调查了大连市商业零售企业的总体规模及发展水平以及未来大连市商品零售行业发展的重点方向。

（5）就业数据统计。收集并整理本专业学生从 2009~2011 年连续三年的实质就业信息，并对信息进行整理分析，得到目前企业不同岗位对本专业学生需求的数据，并分析原有的人才培养目标与企业所需是否一致。近三年来市场营销专业毕业生就业的岗位分布情况如图 1-6、图 1-7 所示。

行业占比（%）

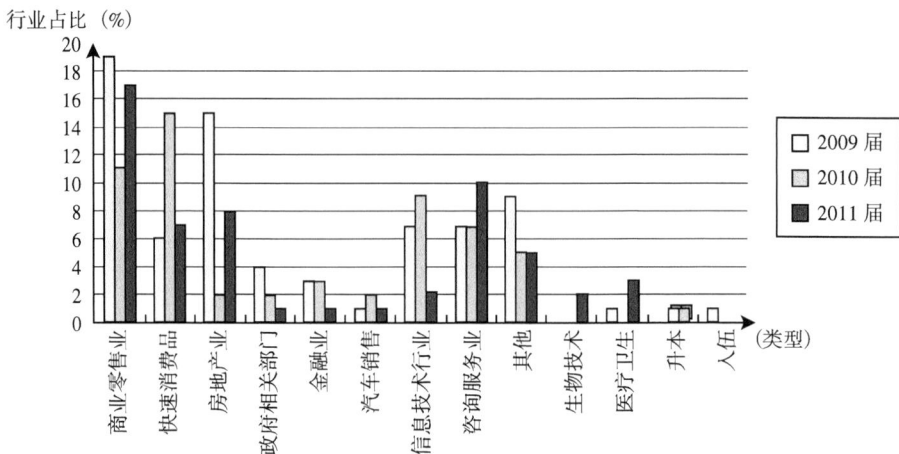

图1-6　市场营销专业近三年就业行业分布情况

岗位占比（%）

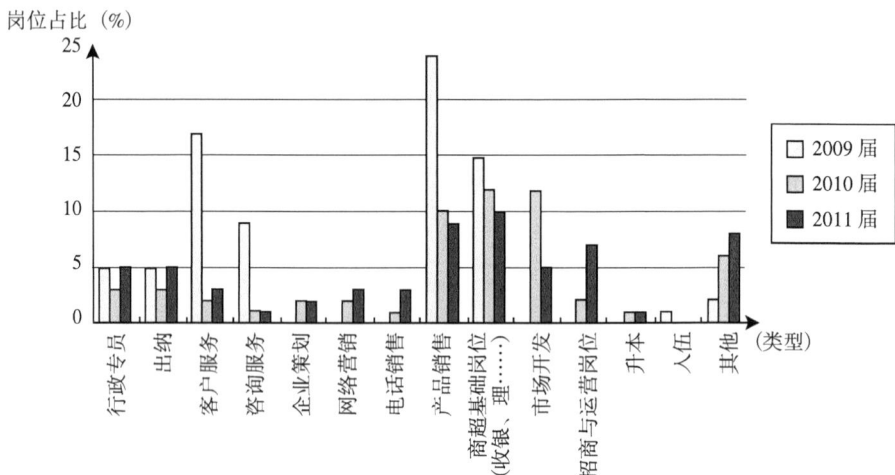

图1-7　市场营销专业近三年毕业生就业岗位分布情况

图1-6、图1-7所示的市场营销近三年毕业生就业行业与岗位的分布图是根据我校近三年的毕业生实质性就业统计表画出的，由图可知，近几年毕业生的就业去向主要为商业零售、快速消费品、房地产、信息技术和咨询服务五大行业，具体所从事岗位主要有产品销售、商超基础岗位（收银、理货、营业员）、客户服务、市场开发等岗位。与此同时，从图中可以看出，随着互联网的快速发展和商业经济的转型，网络营销和电话营销方式也在趋于显现，这将是未来市场营销就业具有生机的新方向。

（6）示范校建设报告整理分析。通过阅读大量示范校同类专业的人才培养方案以及示范校建设报告，将本专业现有的人才培养目标与同类院校进行对比，从而完善本专业的人才培养目标。

（7）招聘信息统计。一方面，通过网络招聘平台，收集了各类企业营销岗位的招聘信息；另一方面，结合经济管理学院招聘会各企业的招聘信息，分析现在及未来企业对市场营销人才的需求情况。总体可以看出目前市场营销专业人才需求数量总体比较乐观，据市人才市场提供的统计资料，2013 年大连市的人才交流洽谈会上，平均每周有 103 家企业单位进场招聘人才，约有 60%~70%的招聘单位招聘营销人员，平均每家单位招聘 3~5 名，全年累计招聘人数约达 9000 人次。据统计，大约有 60%的毕业生对市场营销专业的就业前景看好，如图 1-8 所示。

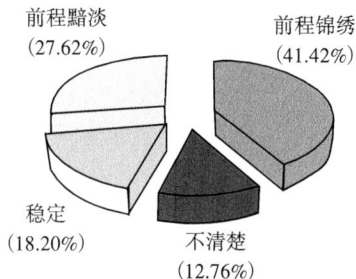

前程黯淡
（27.62%）

前程锦绣
（41.42%）

稳定
（18.20%）

不清楚
（12.76%）

图 1-8　2013 年市场营销专业毕业生就业前景

需求较多的岗位主要有市场调研、产品管理、广告策划、公关策划、促销策划、渠道管理、店面管理、销售代表、客户服务管理和咨询服务等。但是也有一些经营者的不守信行为严重影响了有关企业的形象，也损害了消费者的利益，因此，这就需要有相关专业知识、业务能力强、素质高的专业人才从事本行业工作。对人才学历的要求不限于高层次，更重要的是看实践技能、综合素质。与此同时，市场营销岗位的人员流动性较大，这也是市场营销人员需求较大的一个主要原因。

市场营销专业是目前需求量和毕业生量均较大的专业，同时各单位对毕业生的需求差异也很大。在买方市场的状况下，如何"以就业为导向，合理进行专业定位，体现专业特色，获得社会认同"就成了专业建设的起点。

随着市场竞争的不断加剧，商品的销售及售后服务越来越被企业所重视，而作为营销的关键因素——营销人员也更加被企业所器重。从调查中得到了各行业对学校人才培养规格的企盼，大多希望具有专业知识、业务能力强、有实践经验的专门人才。就大连市而言，近几年营销专业一直排在最急需专业人才的前三位，需求量较大的行业有房地产、商业零售、信息服务、保险等行业。

从 2014 年辽宁省人才中心对第一季度人才市场走势的统计分析表明，市场营销岗位求大于供，虽然在求职者专业选择上，营销专业上升到第三位，但与市场需求之比为 1：3.4，市场缺口仍然很大，可见未来 1~3 年人才需求前景非常乐观。

2. 人才培养方案的目标与规格建设

（1）调查的研究分析。根据调研分析，企业未来对人才的需求趋势主要体现在如下三个方面：

1）质量要求提高、知识结构趋向复合型。在调查中发现，绝大多数企业对营销人员给出了极高的要求。从长远来看，具有一定的专业知识，又懂得市场营销技能的复合型人才会逐步受到用人单位的青睐。所以，在市场营销专业人才供需趋向平衡的情况下，随着非营销专业人才转行到营销行业，企业将会对营销专业人才的需求向既懂得营销技能，又懂得专业知识的人才方向转变。

2）重视实践能力与创新能力。在对企业的调查中，发现相对理论知识而言，企业更看重员工的动手能力和创新能力。能力的培养不是一朝一夕的，需要企业花费大量人力、物力成本，所以，从投入与产出的角度分析，很多企业希望员工上岗前就具备实践能力，这样可以节省很多培训的开支。此外，企业也很注重员工的创新能力，企业认为，创新能力是企业发展的基本动力和源泉，他们希望学校能从企业的实际需要出发，培养这方面的人才。

3）新兴营销手段的应用。随着社会经济的转型，商业转型也迫在眉睫，因而 21 世纪市场营销发展的新趋势是快速营销、网络营销、定制营销、体验营销、服务营销、创新营销以及数字化营销，这些营销方式已成为市场营销的新手段，相伴随而来的，就是对人才的需求，同时，对相关人才的技能也提出了新的要求，这是我们制定基于未来发展的人才培养模式所必须考虑的现实问题。

市场营销从业人员要进行市场调查与分析、产品或服务成本核算以及相关合同的制定与审核，并在完成工作任务时，能够与同事进行有效交流，协作完成市场营销职业活动。在完成任务的同时，还要考虑市场环境、社会责任和生态保护对营销职业的不同要求以及由于社会经济发展给职业活动带来的新变化。如网络的发展给市场调查资料的收集以及营销活动的实施方面带来的变革与发展。

市场营销从业人员应具有完成市场营销工作任务的整体思路，如通过市场调查与分析工作，制定营销策划方案，通过有效的沟通交流，积极加以实施；根据活动进展，采取有效措施，对业务活动加以监控；能在完整的工作背景下对业务活动进行有效组织，如借助其企业相关部门如生产、物流与财务部门的支持，合作完成业务活动。市场营销业务人员在完成工作任务时，一方面要应用已有专业性知识和经验性知识；另一方面要关注职业发展动态，以扩展自己的行动能力。

（2）专业培养目标的确定。在调研的基础上，通过归纳分析，首先确定市场营销专业服务的产业集群：一是以商超零售为主的商业产业集群；二是咨询服务产业集群；三是结合学校机械、电子等专业优势，逐步向生产制造业产业集群发展。其次确定专业服务的职业范围为商场、超市，各类专营店、连锁加盟店，房地产公司（包括房地产中介公司），金融、保险公司，生产制造型企业，医药零售，软件公司（网络公司），咨询服务企业的市场和销售部。最后，通过对职业岗位能力的分析，总结出市场营销的专业能力，进而最后确定出市场营销专业的人才培养目标，即本专业培养德、智、体全面发展，掌握市场调查与预测、市场营销、营销心理学、客户满意管理、促销管理和营销策划实务等知识，具有市场调查、销售、客户服务、营销策划等能力，从事市场专员、销售与销售管理、客户服务与策划等岗位工作的高素质技能型人才。

（3）专业课程体系与标准建设。在确定人才培养目标之后，任课教师与企业相关人员就开始根据调研过程中不同岗位的职业能力分析所提出的对知识与技能的要求，选取具体的课程内容，同时在参考学生递进学习能力的基础上，根据不同岗位工作任务的相关性，对不同的课程内容进行选取、合并，构建课程体系（具体见第三节第一部分）。其具体的形成路径如图1-9所示。

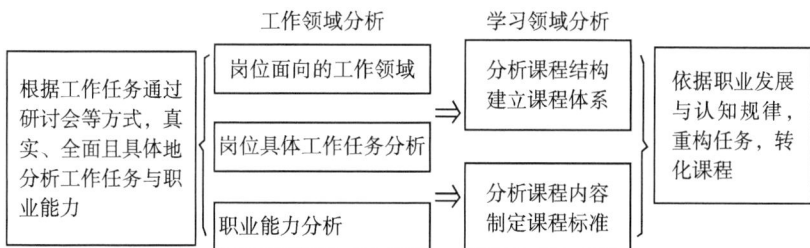

图 1-9　专业课程体系与标准形成路径

三、教学实施与保障条件建设（具体见第三节第一部分）

为了使人才培养方案所设计的培养内容能够顺利地实施，需要关注教学体系构建过程中配套教学资源的开发与建设。

教学资源上重点强调职业情境的创设，职业情境创设的第一选择就是提供与企业完全一致的学习环境，所以校企合作条件建设的研究是十分必要的；具有专业特色的第二课堂活动，能够补充、延伸第一课堂的教育教学，更能够培养学生的专业能力与专业素质。为了保障人才培养方案所建立的课程体系能够实现，专业教学资源条件的建设是十分重要的。

由于学校外部的市场人才需求、工作岗位及岗位工作任务等方面会不断更新、变化，因此，应不断解决学校内部人才培养过程中出现的问题。建立和制定本学院保障人才培养方案实施的机制和办法是十分必要的。

人才培养方案从构建、实施到运行能够有充分的资源进行支持，在整个建设和实施过程中能够得到及时监控与反馈，是可以形成一个运行良好、稳定高效，并能够自我完善的人才培养工作体系。

第三节 本次专业人才培养目标与规格的建设注解

一、掌握基础和重建的关系

通过"示范校"的建设之后，本专业的人才培养方案和标准相对成熟，其岗位确定、岗位能力与课程体系的构建等，也是建立在充足的调研基础之上，其建设过程也符合现代高职教育的思想，因此，在本次专业标准的建设中，要注重保留建设的成果，同时也要注重仔细分析上一次专业标准建设的"弱点"以及在专业建设过程和人才培养中存在的主要问题，并在本次的建设中针对问题进行修正和补充。

但是，为了避免建设过程中的"习惯和惯性"的影响，在专业标准建设前，先确定其步骤和程序，按照程序进行工作，保证专业标准建设的科学性；同时，在重建过程中，明确其侧重点，保证专业标准建设有的放矢。

因此，在专业标准的重建过程中，注意保留上一次成果，针对问题，有侧重点地进行重建。

根据上述思想，市场营销专业标准在本次建设中，重新梳理了岗位，将营销划分了四个岗位群，即市场调查岗位群、策划与推广岗位群、销售与支持岗位群和客服与管理岗位群，并在此基础上确定了市场营销专业的首岗就业岗位，将市场专员、销售代表（促销员、导购员、销售助理）、客服专员和策划助理等纳入新专业标准的岗位以及将大客户销售专员、行政专员、采购员和信息管理员等相关岗位作为拓展岗位。增加了网络营销实训项目和市场营销综合实训项目等，使专业标准更加符合经济社会发展需要。

二、明确建设中的侧重点

由于本次专业标准建设是属于重建，相对新专业侧重点有很大的不同，比如，在新专业开发中更加注重的是需求调查，但在重建中，需求调研就不是第一位的事情，而学生的就业调研就变得非常重要，影响到专业的岗位、能力与课程的设计等。

因此，在重建中应该重新明确侧重点，包括以下几方面：

1. 毕业生的调研

学生的真实就业岗位在哪里？与培养目标之间的关系如何？如果出现偏差，偏差的原因是什么？这些因素是专业标准岗位确定的关键。本次市场营销专业标准建设中，营销岗位的划分更加清晰、更加符合学生就业的需要。

2. 岗位能力需求分析

相对原有的专业标准企业岗位能力需求有哪些新变化？这些新变化通过什么方式来培养等。本次专业标准建设中发现企业对创新能力、沟通能力和综合应用能力要求较高，因此，增加了网络营销实训和市场营销综合应用实训等，提高市场所需要的职业能力培养。

3. 辅助与保障系统

为了达到人才培养目标，其辅助与保障体系是什么？现存的真实环境与理想之间的关系如何？如何确定在三年的教学中实现人才培养目标，同时，也可以确定辅助与保障系统的建设，比如，实训条件的建设等。在本次调研中，厘清了现有的实训环境以及在三年中可建成的和未来需要建设的方向。

4.专业特色建设

根据建设的基础，确定本次重建中专业建设的特色，提升专业建设的水平。在市场营销专业标准的重建中，对人才培养模式进行凝炼和提升。本次将人才培养模式确定为以能力培养为核心的"1311"交互上升式人才培养模式，并将继续探索前行，使其成为专业建设的重要特色。

第四节 市场营销专业人才需求分析与培养方案

一、市场营销专业人才培养方案

1.培养目标及规格

（1）培养目标。本专业培养德、智、体全面发展，掌握市场调查与预测、市场营销、营销心理学、客户满意管理、促销管理和营销策划实务等知识，具有市场调查、销售、客户服务、营销策划等能力，从事市场专员、销售与销售管理、客户服务与策划等岗位工作的高素质技能型人才。

（2）规格。人才培养规格包含以下两方面：

1）学制与招生对象。学制：全日制三年；招生对象：高中生。

2）知识、能力、素质结构。知识、能力、素质结构有如下内容：

第一，知识结构。知识结构要求以下几方面：

首先，专业基础知识。了解企业的运营流程和管理方法；能够应用统计原理和方法进行营销数据分析；具有对一般经济现象进行分析的能力；具备英语的一般听说能力以及本专业必备的职业道德知识。

其次，岗位通用知识。具备企业的产品、价格、渠道、促销等营销环节的相关知识；能够对客户的消费行为进行分析；具有规范的商务礼仪，并能与客户进行有效的商务谈判。

再次，专业核心知识。具备市场调查与预测的相关知识；能够运用网络进行产品营销；能够运用各种营销策略进行产品和服务的推广与销售，并为客户提供满意的服务。

最后，能力拓展知识。具备一定的演讲技巧和公关知识；企业财务管理知识和人力资源管理知识；能进行常规应用文的撰写。

第二，能力结构。能力结构要求如图 1–10 所示。

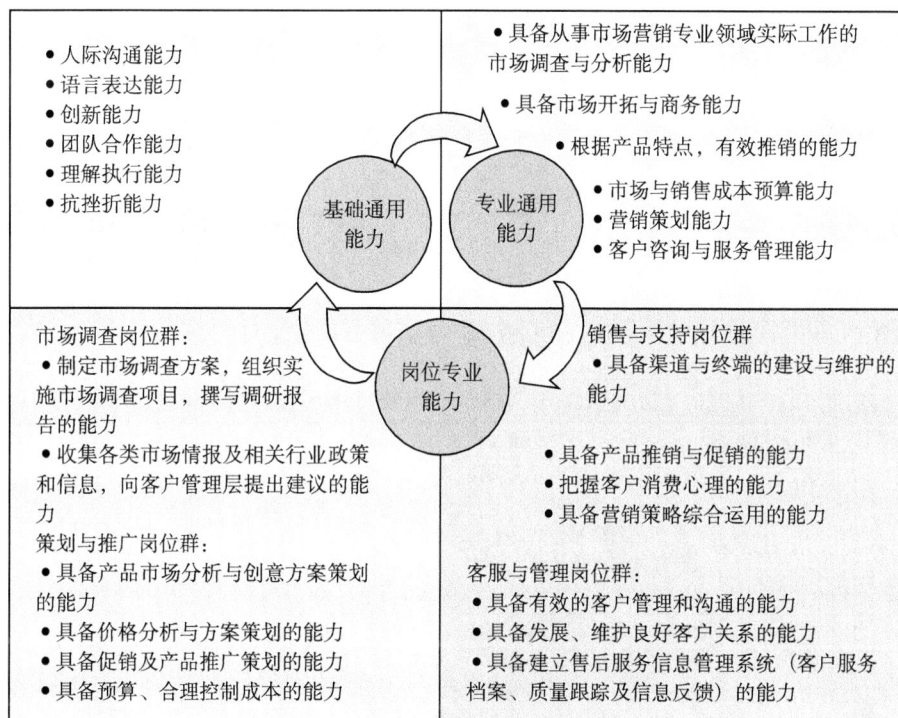

基础通用能力
- 人际沟通能力
- 语言表达能力
- 创新能力
- 团队合作能力
- 理解执行能力
- 抗挫折能力

专业通用能力
- 具备从事市场营销专业领域实际工作的市场调查与分析能力
- 具备市场开拓与商务能力
- 根据产品特点，有效推销的能力
- 市场与销售成本预算能力
- 营销策划能力
- 客户咨询与服务管理能力

岗位专业能力

市场调查岗位群：
- 制定市场调查方案，组织实施市场调查项目，撰写调研报告的能力
- 收集各类市场情报及相关行业政策和信息，向客户管理层提出建议的能力

策划与推广岗位群：
- 具备产品市场分析与创意方案策划的能力
- 具备价格分析与方案策划的能力
- 具备促销及产品推广策划的能力
- 具备预算、合理控制成本的能力

销售与支持岗位群：
- 具备渠道与终端的建设与维护的能力
- 具备产品推销与促销的能力
- 把握客户消费心理的能力
- 具备营销策略综合运用的能力

客服与管理岗位群：
- 具备有效的客户管理和沟通的能力
- 具备发展、维护良好客户关系的能力
- 具备建立售后服务信息管理系统（客户服务档案、质量跟踪及信息反馈）的能力

图 1–10　市场营销专业能力结构

第三，素质结构。素质结构要求如表 1–2 所示。

表 1–2　市场营销专业素质结构

素质分类	内　容	建议手段
道德素养	为人正直、诚实守信 思想品德端正 原则性强、廉洁自律	专业教育 思想政治理论课 相关实体工作企业的参观、认识、企业文化的学习

续表

素质分类	内　容	建议手段
一般专业素质	具备全局观念和客户导向 进取心强，富有开拓精神 工作主动，有自信 风险防范意识强 具备执着、坚毅的精神 能在压力下保持良好的工作状态 身体健康	专业课程学习任务的完成 专业第二课堂活动 教师及辅导员的引导 营销综合培训项目
特殊专业素质	具有达到本专业培养目标所必须的市场营销专业知识与技能 适用的外语与计算机能力 解决本专业实际问题的能力 专业学习能力	专业课程的学习 基本技能训练 专业技能训练

2. 职业岗位与能力

（1）职业岗位与能力分析。职业岗位与能力分析如表1-3所示。

表1-3　职业岗位与能力分析

岗位群	职业岗位	职业岗位能力	专业能力	课程
市场调研	市场专员	掌握调查的基本内容、程序 具有深厚的营销理念 了解并把握公司、产品和客户的信息 能做预算、合理地控制成本 具备很好的身体素质	从事市场调查工作的能力 成本核算的能力	市场调研与预测 市场营销 会计基础 财务管理
		能够寻找到合适地调查对象 能对调查对象进行拜访 能和调查对象有效地沟通	客户关系管理的能力 客户服务的能力	商务礼仪 客户的满意管理
		能够对收集的数据进行分类整理 能够提炼有效数据	数据处理能力	应用统计 计算机基础
		能够撰写调研报告	文字表达与处理能力	应用文写作 计算机基础
	市场推广	具备较强的公关能力 具有基本的商务礼仪 能与渠道商进行有效的谈判 能够进行渠道规划，熟悉渠道规划的具体操作	公关能力 商务谈判能力 渠道整合能力	公共关系实务 市场营销 连销经营与分销 商务谈判 商务礼仪
		具备良好的身体素质 了解并能把握公司产品和销售对象 能够独立完成市场拓展工作 通过分析市场拓展过程中收集的信息判断出可能遇到的问题 能够与客户、经销商等建立比较稳固的关系，确保合作关系的长久	市场开拓能力	体育与健康 营销心理学 推销技巧与促销管理 网络营销

续表

岗位群	职业岗位	职业岗位能力	专业能力	课程
销售与客户服务	销售代表	具备基本的商务礼仪 具备良好的心理素质，能有效地进行人际关系沟通与协调 具备商务谈判能力 能够建立、跟踪和维护客户关系	商务谈判技巧 客户服务的能力	商务礼仪 公共关系实务 客户的满意管理
		了解公司、产品和客户 推销洽谈的技巧 连锁门店商品展示与管理	消费者行为分析能力 产品推销能力 商品陈列与管理能力	经济学基础 市场营销 营销心理学 推销技巧与促销管理 网络营销 门店运营与管理 策略销售实训
		能进行客户订单处理 利用计算机进行市场信息收集、处理和管理的能力	客户数据处理的能力	计算机基础 应用统计
销售与客户服务	客服专员	与顾客形成良好的交易关系 能对客户进行恰当的分类 能对来访客户进行良好接待 对客户的投诉进行恰当的处理 帮助客户解决问题 根据企业的经营内容，能进行客户回访与咨询工作	客户服务的能力	客户的满意管理 商务礼仪 公共关系实务
		能进行客户订单处理 利用计算机进行信息收集、处理、管理及简单的系统维护能力	客户数据处理的能力 了解诸如 ERP 等现代管理平台的工作运行模式	计算机基础 ERP 沙盘模拟实训
营销策划与管理	策划助理	能够协助进行产品市场定位分析 能够协助进行市场调研的后期分析，并提出可行性建议 协助企业的市场推广，策划相应的促销活动 能够进行广告媒介组合和媒介方式在策划中的运用 能够进行市场销售渠道的设计 能够对企业营销方案进行有效的评估	创新能力 策划能力 解决实际问题能力	经济学基础 市场营销 营销心理学 推销技巧与促销管理 网络营销 营销策划实务
		能够撰写营销策划方案 能够协助组织营销策划方案的实施 能够有效地整合资源完成工作任务	组织能力 方案制定能力 文字表达与处理能力 资源整合能力	营销策划实务 应用文写作 计算机基础
		能够应对各类资料和信息处理能力 熟练操作办公系统软件能力	数据处理能力 利用计算机处理信息的能力	计算机基础 ERP 沙盘模拟实训

（2）专业服务产业集群。专业服务产业集群含有：一是以商超零售为主的商业产业集群；二是咨询服务产业集群；三是结合学校机械、电子等专业优势，逐步向生产制造业产业集群发展。

（3）专业服务职业范围。专业服务职业范围有商场、超市，各类专营店、连锁加盟店，房地产公司（包括房地产中介公司），金融、保险公司，生产制造型企业，医药零售，软件公司（网络公司），咨询服务企业的市场和销售部门。

（4）专业就业岗位。专业就业有以下两类岗位：

1）首岗就业岗位。首岗就业岗位有市场专员；销售代表（促销员、导购员、销售助理）；客服专员；策划助理。

2）拓展就业岗位。拓展就业岗位有大客户销售专员；行政专员；采购员；信息管理员。

3. 课程体系框架

课程体系框架如表 1-4 所示。

表 1-4　课程体系框架

课程类别	序号	课程名称	建议学时	建议学分
公共基础课程	1	思想道德修养	24	1.5
	2	法律基础	24	1.5
	3	思想政治理论	48	3
	4	军事理论	24	1.5
	5	实用英语	180	12
	6	体育与健康	62	2
	7	计算机基础	60	4
	8	应用文写作	32	2
	9	基础高等数学	48	3
专业（大类）基础课程	1	企业运营与组织	48	3
	2	经济学基础	45	3
	3	应用统计	48	3
	4	营销心理学	60	4
	5	会计基础	48	3
	6	市场营销	64	4
专业课程	1	连锁经营与分销	48	3
	2	财务管理	48	3
	3	商务礼仪	48	3
	4	市场调查与预测	48	3

续表

课程类别	序号	课程名称	建议学时	建议学分
专业课程	5	客户的满意管理	64	4
	6	演讲技巧	42	2.5
	7	网络营销	70	4.5
	8	营销策划实务	70	4.5
	9	推销技巧与促销管理	70	4.5
	10	商务谈判	36	2.5
	11	公共关系实务	40	2.5
	12	门店运营与管理	50	3
专业实践课程	1	ERP 沙盘模拟实训	60	2
	2	市场调研实训	60	2
	3	策略销售实训	30	1
	4	促销与服务实训	90	3
	5	毕业顶岗实习	480	16

4. 校企合作方式

以提高市场营销专业在校生的综合素质和能力以及就业率为目的，实现学校、企业、学生"三赢"，使专业人才培养更加符合现代企业对各种营销人员的需要，实现高职的人才培养目标，通过深度的校企合作，一方面为学生走入社会奠定坚实基础，提高学生的就业能力；另一方面为企业注入复合型、实用型的新鲜生力军，对企业的发展也有促进作用。

因此市场营销专业的校企合作应从下列方式入手：

（1）合作模式。合作模式有两种：

模式一：建立体验型学生实训、实习基地。针对商超零售型企业商品促销这一实践环节，模拟操作是不具有实际意义的，对学生来说，只有参与到与顾客面对面的实际场景训练中，才能体验、感知和学习促销过程中的方法、流程和技巧，因而与企业合作建立体验型实习基地，学生通过参观体验，对工作岗位有了直接的认识后，在校内实训基地进行完善性学习。

模式二：建立深度融合型学生实训、实习基地。选择针对性强的企业，建立深度融合型学生实训、实习基地，请企业共同管理和完善基地的建设，并根据公司运营的情况定期选拔在校学生进行顶岗实习，毕业就业。

1）学校派遣学生进入企业顶岗实习。校方每年在固定的学期，安排预定数量的（与企业协商、具体根据企业数量、企业业务情况）符合企业用人要求的学生进入企业实习。

2）学校推荐优秀毕业生就业。每年3~7月，校方推荐部分优秀的毕业生进入企业实习，如通过企业试用期的学生，可直接就业。

3）订单班。订单班是实现学校人才培养目标和企业收获经济效益的一个双赢的落脚点。学生接受两年在校理论学习后，由校企双方共同对其进行实习训练，校企双方共同制定学生顶岗实习方案、计划、内容，并分阶段选派专业人员对学生进行授课，指导校内实践教学，推荐优秀学生进入企业就业，最终实现"订单式"人才培养。在此过程中，校企双方共同进行科研攻关，既可解决现实问题，又可提高经济效益。

（2）顶岗实习岗位。根据对市场营销专业人才需求及分析调研，目前区域内各行业对岗位的需求主要集中在市场调查、销售与支持、策划与推广以及客户服务与管理四个岗位为主的岗位群，也是进行校企合作所需要的顶岗实习岗位。

1）市场调查。合作企业类型：适合所有服务型企业。

工作任务：结合社会、企业需要解决的实际，根据市场调查要求，学会确定市场调查目标，制定并实施市场调查方案，针对不同调查目标要求熟练选择适当的市场调查方法，设计并制作市场调查问卷，认识问卷在市场调查工作中的意义；根据项目要求组织实施市场调查，能够整理、分析小型项目的数据资料，熟练地撰写市场调查报告；能够理解整个市场调查与分析工作过程，从经济的观点对各环节工作进行自我评价。

2）销售与支持。合作企业类型：适合所有产品和服务销售企业。

工作任务：根据企业产品和服务的特点，面对不同的顾客类型、顾客需求，有针对性地采取不同的推销方法；利用各种渠道有效地寻找顾客，对顾客进行准确判断；在各种场合（商场、客户家中、客户的办公场所、与客户会面处）下，用得体、准确的语言进行产品介绍；建立良好人际关系的意识与方法，保持与顾客的长期关系；建立客户档案，进行客户管理与服务意识与方法的培训。

3）策划与推广。合作企业类型：适合销售型和咨询服务类企业。

工作任务：在熟悉企业产品和服务以及了解客户需求的基础上，参与企业正在实施的策划项目中，能制订详细的工作计划，如调查、确立策划活动的目标，编制预算等；能对计划实施中出现的问题进行检查与反馈；对策划工作做出过程反馈与评价，并对问题积极加以改进。

4）客户服务与管理。合作企业类型：适合有客户服务岗位的企业。

工作任务：根据企业的需求，明确客户服务管理各主要工作岗位职责，了解顾客的不同需求，掌握为其提供服务的基本流程和方法。学会客户信息的收集与利用，掌握售后服务，提升客户开发管理以及客户服务的技巧，熟练掌握核心客户管理以及进行客户资信管理的技能。

（3）合作中学生可用的职业资格证书。可考取职业资格证书：助理营销师证书（人力资源与社会劳动保障部）；零售业职业经理人（店长）资格证（中国商业联合会）。

5. 第二课堂活动安排

第二课堂活动主要分为专业能力和专业素养两个模块共四个部分，如表 1-5 所示。

表 1-5 第二课堂活动安排

模块	第二课堂活动名称	提升能力	提升素质	建议安排学期
专业能力	ERP 企业经营沙盘模拟大赛	企业经营战略规划能力 企业财务预算和成本控制的能力 计划、组织协调和控制企业的管理能力 团队合作能力	全局观念、客户导向 执着、坚毅的精神	第二学期
	市场营销专项技能大赛	市场调查与分析能力 市场开拓与商务能力 根据产品特点，有效推销的能力 销售成本预算能力 营销策划能力 客户咨询与服务管理能力	进取心，富有开拓精神 工作主动性，自信心 风险防范意识	第四或第五学期
专业素养	文化沙龙、读书报告会	口头与书面表达能力	文化素质 心理素质 商务礼仪	第一或第三学期
	名师讲堂、优秀毕业生分享会	沟通能力 理解与执行能力	职业道德 工作热情	第二或第四学期

（1）专业能力培养方面。结合全国教育部和辽宁省教育厅组织的职业技能大赛，可举办两个大赛项目：

1）ERP 企业经营沙盘模拟大赛。利用用友商战版电子沙盘，以五人为一组组建一个企业，模拟经营六年。比赛将重点考评参赛学生的企业经营能力，采用ERP手工沙盘与商战版电子沙盘相结合的方式进行，以生产型企业为背景，以手工及电子沙盘工具为平台，让每个参赛学生置身商业实战场景，实地体验商业竞争的激烈性，激发学生的学习热情，锻炼学生全局观念以及规划能力，企业管理的计划、组织、协调和控制能力，财务预算和成本控制能力，以培养学生的综合应用与实践能力。

2）市场营销专项技能大赛。市场营销专项技能大赛是一项面向学生的营销实践技能与创新创业能力竞赛活动。以市场调研、营销策划、销售技巧和客户服务技巧等专项技能为竞赛内容，旨在将学生所学的市场营销知识有一个全面、综合运用的锻炼和学习机会。提高学生的市场调查与分析、市场开拓、有效推销、营销策划和客户服务能力，培养学生的专业综合素质。

（2）专业素质培养方面。专业素质培养有以下两个方面：

1）个人素质的提高。作为经济管理类学生，必须掌握现代企业管理文化，具备管理者所具备的各种素质。学院开展的各类管理文化活动是良好的借鉴，例如，"沐浴经典，沁润书香"文化沙龙系列活动；品悟文化读书报告会活动；"走进管理大师"图片展；"上善若水，美丽人生"礼仪报告会等。通过各种活动的开展，全面提高学生的综合素质。

2）职业道德、专业素质的提高。通过开展以专业学科为特色的名师讲座、优秀毕业生分享会、专业发展研讨会、专业文化沙龙、专业兴趣小组、企业老总访谈、参观企业等方式，不断创新第二课堂活动的方式方法，大力增强第二课堂教育效果的实效性。学生充分了解了现在企业员工应具备的基本职业素质，并在活动中渗透"先做人，后做事"等企业文化理念，帮助学生牢固树立"道德立身、诚信为本"的理念，培养学生的质量意识、规范意识、责任意识和承受挫折与挑战的素质，争做文明道德的典范，学生初步形成了符合专业特点的职业道德意识和行为习惯。

6. 毕业条件

（1）学分要求。要求学生修完计划规定的全部必修课程，并选修规定量的公共选修课，总学分为150分左右。

（2）通用证书要求。通用证书有以下两种：

1）获得辽宁省高等学校英语应用能力A级证书。

2）获得国家人力资源和社会保障部颁发的全国计算机信息高新技术考试中级操作员证书。

（3）专业技能鉴定或职业资格证书要求。下列证书，任选其一，或级别更高的专业证书：

1）国家人力资源和社会保障部颁发的助理营销师国家三级职业资格证书。

2）中国商业联合会颁发的零售业职业经理人（店长）初级职业资格证书。

7. 专业教学资源条件

（1）专业师资队伍条件。专业师资队伍应具备以下条件：

1）理论与实践教师的数量与比例。教师与学生数的最优比例为 1∶16，除基础课程的教师之外，教师与学生数的比例接近 1∶22 是比较合适的。以目前专业内 3 个年级，每个年级设置 2 个班级，每个班级约 35 人，整个专业共 210 人的教学规模来计算，约需要 8 名专业教师，负责专业理论知识传授和专业技能的训练。根据教学的需要，专业教师与企业外聘教师的比例应为 1∶1，最终定为未来理想的教师需求为专业教师 8 人、企业外聘教师 8 人。

2）职称结构。为建立既具备较高的素质和专业水平，又有发展、创新的活力，满足教、学、研不同需要的教学团队，形成一个有序的梯队，职称结构教授、副教授、讲师、助教的比例应为 1∶2∶2∶1。

3）年龄结构。为了专业的阶段性发展，年龄结构在 35 岁以下、35~45 岁、45 岁以上的比例建议为 3∶3∶2。

4）具有企业经历教师占专业教师比例。每名教师每年需要有 30 天的挂职经历，这样可以根据企业的需求教育出适合企业需要的人才，使所教授内容与企业实际相接轨，同时在职教师定期接受合作企业的职场专业培训，让每名教师都具备在企业内的工作经历并能不断根据企业实际更新专业知识体系。来自企业一线或有行业企业背景经历的专任教师占专业教师的比例应大于 50%。

（2）专业实践教学条件。专业实践教学条件分为校内与校外两方面。

1）校内实践教学条件。市场营销专业实践教学的开展建立在仿真模拟实训和配套的学习资源基础之上，设置三个实训室和六个实训平台，将课程与企业所使用的项目及行业软件引入课堂提升实践教学比例，以保证市场营销专业理实一体化教学的需要。实训室的设置依据市场营销专业能力培养需要，应设 ERP 沙盘模拟实训、专业实训和综合实训，三个实训环节形成了市场营销系统的综合训练平台（如表 1-6 所示）。

表 1-6　校内实践教学条件

专业能力		能力要素	教学场地	主要设备设施	工具与耗材	备注
核心能力	从事市场调查工作的能力	调查问卷设计的能力 调查方法运用的能力 成本核算的能力 数据处理能力 文字表达与处理能力	市场营销专业技能实训室	计算机、打印机 调查数据分析软件 多媒体教学设备等	网络资源 打印纸 硒鼓和墨盒	专业技能实训室待建 专业实训待扩展内容
	从事销售与管理工作的能力	客户开发的能力 商务谈判的能力 消费者行为分析能力 产品推销与促销能力 商品陈列与管理能力 客户数据处理的能力 客户关系建立与维护的能力 成本控制能力 销售策略把控能力	市场营销综合实训室	计算机、打印机 市场营销综合实训软件 多媒体教学设备等	网络资源 打印纸 硒鼓和墨盒	综合实训室待建 专业实训待扩展内容
	从事策划和市场推广工作的能力	营销策划能力 媒体应用能力 公关能力 商务谈判能力 渠道整合能力 市场开拓能力	市场营销专业技能实训室	计算机、打印机 策略营销实训软件 多媒体教学设备等	网络资源 策略营销沙盘教具 打印纸 硒鼓和墨盒	专业技能实训室待建
	从事客户服务与管理工作的能力	客户服务的能力 客户数据处理的能力 解决实际问题的能力 方案制定能力	市场营销专业技能实训室	计算机、打印机 CRM 实训软件 多媒体教学设备等	网络资源 打印纸 硒鼓和墨盒	专业技能实训室待建 专业实训待扩展内容
通用能力	企业运营的基本认知能力	战略规划能力 预算和成本控制能力 运营流程操作能力 企业计划、组织协调和控制的管理能力 团队合作能力	ERP 企业经营模拟实训室	计算机、打印机 ERP 企业经营模拟训练软件 多媒体教学设备等	网络资源 实训手册及各类企业运营表单 企业经营沙盘教具 打印纸 硒鼓和墨盒	现有实训室
	沟通能力 口头与书面表达能力 抗挫折能力 理解执行能力 团队协作能力 计算机操作能力	沟通协作、抗挫折、执行力、语言表达、计算机应用等能力	ERP 企业经营模拟实训室教室 第二课堂	计算机、打印机 CRM 实训软件 多媒体教学设备等	网络资源 打印纸 硒鼓和墨盒	利用 ERP 现有实训室

2）校外实践教学条件。校外实践的教学需如下条件：

第一，合作企业指导教师应具备的条件：

● 具有工作责任感。

● 具有良好的心理素质和克服困难的能力。

● 具有耐心与培训时间。

● 具有市场营销各业务环节的实战经验和应用技巧。

● 具备技能传授和操作指导的能力。

● 具备一定的控制与管理的能力。

● 具备良好的沟通协作能力。

● 大专以上学历，三年以上本岗位工作经验，企业技术骨干，有一定的语言表达能力，进行"传、帮、带"。

第二，合作企业接收学生实训或顶岗实习应具备的条件：

● 有具体的市场营销业务应用环节。

● 具有稳定的生产或服务任务，可以保证长期连续性经营。

● 具有较强的营销人员队伍和较先进的管理理念及方法。

● 具有安全的工作环境。

●具有足够的岗位，通过顶岗或轮岗的形式，形成较强的接受顶岗实习学生的能力。

● 具有专门的指导教师（可兼职）进行专业的培训、指导和管理。

第三，合作企业参与实训教学与顶岗实习管理与运行的条件：

● 合作企业与学院进行正式合作合同签署（附条件与培训资费），明确双方的权利、义务、责任。

● 合作企业与学院共同保障学生实习期间的人身安全。

● 能够安排现场实习指导教师并与学校指导教师共同制定顶岗实习指导书。

● 能够对学生进行质量监控与评估，对顶岗实习的学生进行应知、应会考核，评定成绩。

● 建立专业导师、职业导师、企业导师"三导师"管理队伍，落实管理责任。专业导师由专业教师担任，职业导师由辅导员担任，企业导师由企业技术骨干担任。企业指导教师与专任教师以及职业导师就学生在实训和顶岗实习中的专业问题、思想问题和工作问题实施实时沟通、及时反馈。

8.人才培养模式建议

建立以能力培养为核心的"1311"交互上升式人才培养模式。

（1）指导思想。市场营销专业培养的专业人才，不仅要有丰富的理论知识，而且要具备较强的实践能力，需要的是适应性、创新意识、综合能力、接受挑战性工作能力、知识更新能力、终身学习能力和基础素质较强的人才。

由于市场营销专业的毕业生初始岗位多是各种销售和市场推广，或者是生产、服务和管理一线工作，其成长的岗位是销售管理或者是营销策划工作，对学生的全面素质以及能力的要求较高。

针对专业人才培养目标，市场营销专业人才培养模式指导思想应以职业为导向，大力推行工学结合、校企合作，与企业紧密联系，加强学生的实训等，改革以学校和课堂为中心的传统人才培养模式，为此，我们研发了以能力培养为核心的"1311"交互上升式人才培养模式。

（2）以能力培养为核心的"1311"交互上升式人才培养模式内涵。以能力培养为核心的"1311"交易上升式人才培养模式内涵解析如表1-7所示。

表1-7　人才培养模式内涵解析

组成	内涵解析
1	以"ERP"为第一个实训的基础知识与能力学习阶段
3	以"三个核心技能"为学习核心的技能提升阶段
1	以"综合实训"为知识和能力提升的总结阶段
1	以"顶岗工作"为全部学习的提升阶段
知识与技能交互上升式	人才培养过程中，校内学习训练、岗位实习交互进行，知识、技能水平都得到阶梯状上升

（3）以能力培养为核心"1311"交互上升式人才培养模式实施。人才培养模式实施如图1-11所示。

无论学生将来会从事何种与销售、策划相关的工作，职业核心技能包括销售技能、市场调查、营销策划等三个方面。因此，建立以核心能力培养为人才培养模式其包括以下几个阶段：

第一阶段——以第二学期的 ERP 实训为核心的专业基础能力的培养阶段，主要在第一到第二学期进行，其中，学生在学校内的市场营销实训室，结合市场营销专业的业务活动等特点，在完成专业基础理论知识学习及单项模拟训练的同

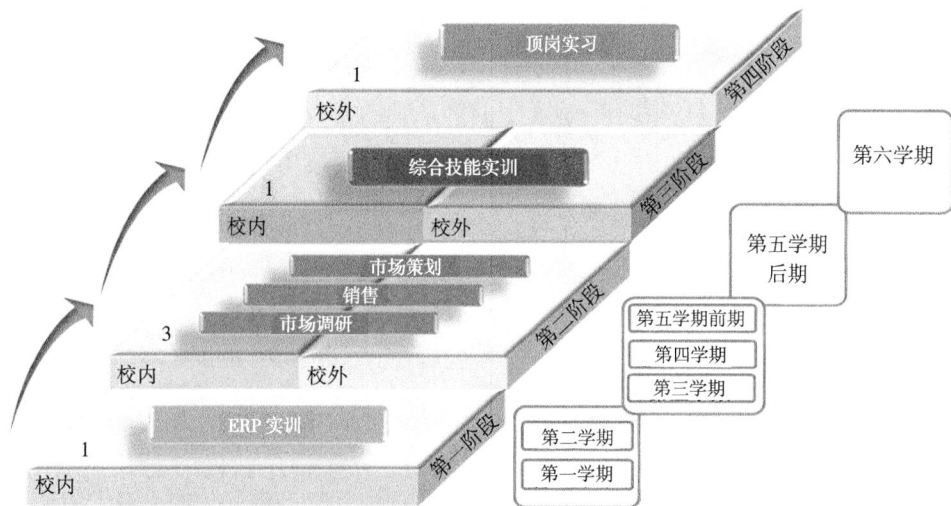

图 1-11 市场营销"1311"交互上升人才培养模式

时，进行企业的参观等认知性的实习。通过在第二学期末进行 ERP 实训，综合训练学生学到的市场方面的知识，包括市场营销、企业管理、财务等，认识营销在企业中的作用，熟悉和训练市场营销的一些基本策略和理念，对企业中的岗位与一些技能有一些认识。基本课程包括市场营销、企业运营与组织、营销心理学等课程。

第二阶段——以三个专业核心能力的技能培养阶段，其包括的内容为：销售与客服、市场调研与营销策划。在这个阶段主要是岗位技能的培养阶段，分别在第三、第四、第五学期进行。本阶段按照市场调研、销售与客服以及营销策划顺序进行培养。

每个能力的基本培养模式是：首先以项目教学、案例教学等行动导向的方法，使学生掌握与该技能相关的基本知识和技能训练，也可以针对三种能力进行校内技能大赛，使学生提高相关能力；然后通过校企合作，选择合适的企业，完成企业的相关工作任务，包括与上述能力对应的产品销售、产品前期、销售中以及售后的各种调研、企业活动的策划（以实际任务进行策划，企业对此进行评价和评估），接受企业的检验，并进一步掌握相关的技能，同时提高学生各种社会能力、团队合作、职业所需要的吃苦耐劳精神。

通过上述两个阶段的学习，学生能够全面熟悉所从事相关工作的基本职业能力，掌握进入管理岗位前的专业基础知识，具备职业技能。

同时，在三种能力的实训过程中，贯穿客户服务与管理的培养，无论是销售、调研，还是策划等，都会锻炼学生的客户管理能力，学会客户信息的收集与利用，售后服务提升、客户开发管理以及客户服务的技巧，并熟练掌握核心客户管理以及进行客户资信管理的技能。

第三阶段——以综合技能实训为核心提高营销的素质和技能。在第五学期后期进行。学生在掌握市场营销的专项知识和技能后，进行市场营销的综合实训，达到对市场营销知识、能力的应用。在本阶段中，主要完成企业真实的任务，按照其工作过程达到对该项任务制订简单计划的能力、组织和指挥实施的能力、协调各方关系的能力和控制与基本评估的能力。

第四阶段——顶岗实习阶段，在第六学期进行。学生进入签约企业，进行为期六个月的基层岗位顶岗实习。在实习岗位上，通过完成市场营销方面的工作，实践并提高销售、调研、营销策划以及执行工作的能力，丰富自己的实践经验。实习期间，学院配合企业安排专业指导教师带队，与企业实习指导教师共同对学生进行管理，并配合企业做好实习生的岗位考核工作，撰写毕业实习报告，参加毕业实习报告答辩。全面提升学生的专业能力。

9. 人才培养方案实施保障

为提高教学质量和办学效益，确保人才培养方案的有效实施，保障人才培养目标的实现，确定人才培养方案实施负责人为经济管理学院院长以及市场营销专业负责人。并根据教育部有关文件精神、学校教育教学管理机制与管理制度、本学院专业特点以及实际情况，建立和制定本学院保障人才培养方案实施的机制和办法（二级）。

（1）建立人才培养方案实施机制和办法的原则。人才培养方案实施机制和办法的原则如下：

1）系统性原则。从人才培养方案的制定、实施过程管理、质量监控与反馈、完善和调整人才培养方案的整个闭环系统进行人才培养方案全程管理，建立系统的观念，使人才培养质量持续稳定提高。

2）可操作性原则。以可以量化和简洁执行作为机制和管理办法制定的原则，使机制和办法更加直接地指导教学管理的实践，提高效率。

3）动态性原则。人才培养方案在阶段执行中，虽然应该有稳定性，但高职教育和所服务的经济建设都处于发展中，因此，应紧跟市场变化和人才需求等变化，定期进行人才调研和调整，使人才培养能更好地服务于经济发展的需要，更好地完成高职教育的使命。

4）规范性原则。从方案的制定、落实与管理、监控和反馈等，应在规范和合理的程序指导下有序进行，确保人才培养方案建设的标准性和客观性。

（2）建立人才培养方案保障有效观测点系统。专业人才培养方案的实施是一项系统工程，在实施过程中应把握和监控要点，因此，首先应建立人才培养保障有效观测点系统。

1）人才培养方案确立中的观测点。人才培养方案确立中应有以下几个观测点：

第一，人才培养方案确立过程是否合理是人才培养方案的起点，因此，应首先考核人才培养方案过程中调研、归纳等是否准确。

第二，专业定位。人才培养方案中的培养目标、课程体系、教学环节、教学条件等应体现专业定位，专业建设是否围绕专业定位进行。

第三，专业特色。人才培养方案在实施过程中应注重专业特色的提炼和提升，注重体现人才培养模式的内涵建设，经过专业建设是否能形成本专业的优势。

2）人才培养方案实施中基础保障的观测点。人才培养方案实施中应有以下观测点。

第一，课程建设。课程建设是人才培养方案在实施过程中的核心，其主要内容包括按照基于系统建设和项目课程开发的要求建立专业课程体系、制定课程标准、完成课程整体设计和教学单元设计，建设精品课程和校级优质课程。

第二，实践教学项目。按照企业真实项目和虚拟企业项目进行项目教学，主要包括项目开发、项目实施、项目实训、项目教材、项目考核。

第三，教材建设。按照工作过程和工作项目的思路开发教材，教材的体例和内容应在打破传统知识结构的基础上进行重构。

第四，教学资源库建设。在人才培养方案实施的过程中应建设并不断完善专业教学资源库。专业教学资源库主要包括案例库、资料库、课件库、试题库、参考文献库、行动过程描述库等。

第五，队伍建设。教师的双师素质和队伍的双师型是其主要观测点。教师的教研、实践能力、职教能力等方面是否能符合高职教育需要。在人才培养方案实施过程中应体现全过程的工学结合,在学校要切实体现企业的生产过程,教师教学应体现以学生为主体并围绕生产过程开发工作项目,按照工作项目的工作过程实施教学过程。企业教师队伍是否满足实习实训教学要求。

第六,实训实习条件。实训实习条件包括校内实训条件和校外实习基地建设状况。校内实训是否满足基本技能和专业技能学习,校外实训基地是否可以满足顶岗实习需要。

第七,校企合作。校企合作应贯穿人才培养方案实施的全过程,企业的专家和技术人员参与课程教学,为学生完成实训教学提供条件。教师带领学生深入企业,结合实际开发工作项目,在真实场景下进行项目教学。校企双方通过人才培养方案的实施形成互惠、互利的运行机制。

第八,素质教学体系。构建学生素质教育和素质拓展系统,量化职业素质教育指标,开发职业素质与职业拓展教育课程。

3)教育运行与组织。人才培养方案的实施应与科学的教学管理相配合。在人才培养方案实施过程中应按照学校的有关规定制定实施层面和操作层面的具体规定,使教学过程体现管理流程并做到有制度可循。

第一,日常教学。日常教学是否规范、有序。这是人才培养方案落实的基础。

第二,实训教学。实训教学包括课程内实训、综合实训和顶岗实习,是否构建点、线、面一体化的实训教学系统。

第三,质量监控。质量监控包括学生、学院、学校、用人单位、同行、社会等对人才培养质量的反馈。

4)入口和出口。入口和出口体观在如下几个方面:

第一,"入口"。专业在招生中状况描述。一次上线率、录取率以及报到率等。

第二,双证书教育。双证书教育是人才培养方案实施结果的重要体现。在教学过程中,无论是理论知识讲授还是动手、动脑的实际训练应与职业资格技能取证互通,学生在课程学习后是否与取证融合。学生获得双证书状况。

第三,就业。就业包括就业率、对口率等,是否能够保持良好的社会认可是专业培养的重要监测点。

(3)教学运行与组织管理。根据上述观测点,应从上述四个方面建立管理机制和办法,为了更好地进行执行,首先应从管理设置上进行。

1)主要责任分工。主要责任分工如表1-8所示。

表 1-8　主要责任分工

负责人	工作内容
院长	负责专业人才培养方案的制定、专业课程的开设、课程的改革与建设、课程课件内容的框架、课件评审指标的制定、专业建设中的教学研究等；人才队伍的规划和建设，包括骨干教师的培训、青年教师的培养、教师的企业实习等
书记	负责教研和科研，推进校企合作
副院长 1	负责实训基地的全面建设，包括实训基地各个实训室的调研、论证、招标、布置、实训项目的设置、管理以及监控
副院长 2	负责日常教学管理，包括学生的课堂教学、教师的教学安排、学生和教师各自的考核等，学生与教师的全部日常管理工作以及考核
专业主任	负责人才培养方案的调研、归纳、落实以及课程建设等

2）教学运行与管理目标。通过构建教学运行与管理体系，做到权责分明，使专业教学运行与管理适应建设和教学改革的需要，体现专业培养目标的基本要求，并不断形成特色，使专业教学流畅、合理、有序、高效地运行。如图 1-12 所示。

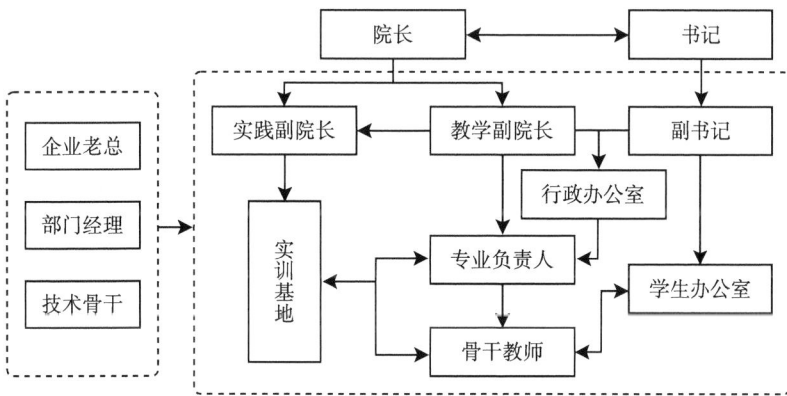

图 1-12　教学管理体系

3）教学运行与管理系统（学校规定）。教学运行与管理系统包括管理流程、管理制度、管理评价。

——管理流程包括教学管理流程、学生顶岗实习管理流程、学生管理流程、实训基地管理流程。

——管理制度如表 1-9 所示。

表 1-9   管理制度名称

序号	制度名称
1	教学运行管理办法
2	项目课程考核管理办法
3	学生顶岗实习过程管理办法
4	非毕业班课程教学与考核管理办法
5	学生顶岗实习专兼职教师管理办法
6	学生顶岗实习考核办法
7	综合实训管理与考核办法
8	实训基地管理办法

——管理评价。专业教学运行质量管理监控组织是依据标准明确、操作有序的教学质量标准体系而运行的（如图 1-13 所示）。重点是通过合作企业相关人员的安排，加强顶岗实习检查等工作，落实保证各教学环节的质量管理。

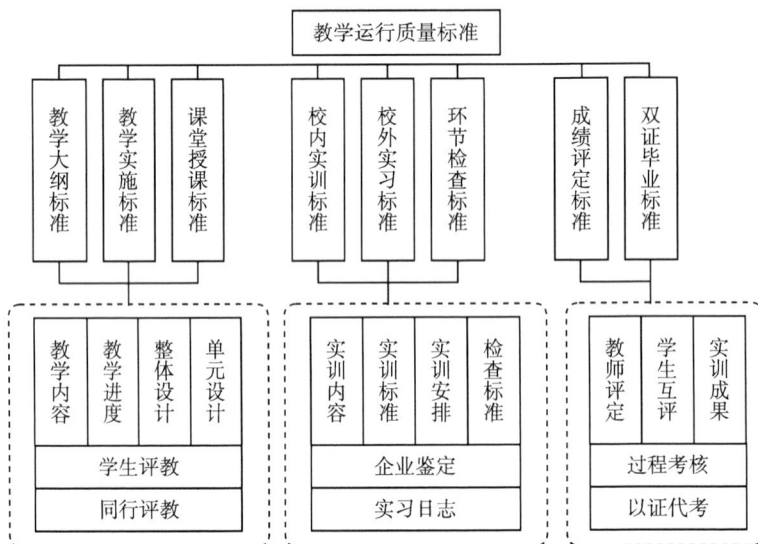

图 1-13   教学质量管理体系

其中，主要的教学管理质量监控点如表 1-10 所示。

4) 建立信息反馈系统。信息反馈系统由教学院长例会、学年教学工作总结和各种教学通报等内容组成，它一方面通过教学情况的通报、重大教学事件的实时反馈，将教学信息及时反馈给教学一线的教师和教学管理人员，扶持和鼓励先

表 1-10 教学质量监控点汇总

监控对象	监控内容	监控点
对教师教学质量的监控	教师教学能力评测	教学整体设计、单元设计
	学生评教	教态、教学进度
	同行评教	项目导向
	企业评教	教材改革
对学生学习质量的监控	学生过程性成绩考核	课堂表现、承担任务
	教师不定期巡查学生实习单位	出勤情况
	企业兼职教师对学生评价	业务表现、工作责任
	学生的实习实践总结	实习日志、项目报告
对实习实训监控	实习基地的开发	新开基地数量、接待学生人数
	实习基地的内涵建设	校企合作深度
	学生的实习实训状况	实习范围
	实习实训工作的制度建设	实习管理制度
	专业建设教师的工作考核	校企合作参与工作

进，及时处理和整改问题；另一方面将监控中发现的问题反馈到管理决策系统，使决策部门及时评价、修订教学目标和质量监控体系，实现教学质量监控体系的自我调整和完善。

（4）建立教学质量激励机制和办法。教学质量激励系统包括奖励模块和惩罚模块，引入激励竞争机制，对教学院系、教师的工作做出评价并进行奖惩。

1）奖励。对以下几方面进行奖励：

第一，单位教学绩效考核奖励。学院对年度教学工作绩效考核成绩突出的专业进行表彰和奖励。

第二，教学评比。学院每年组织青年教师讲课比赛，对讲课比赛优胜者以及获得各种先进称号的教师进行表彰和奖励；并评选出教学名师、教学标兵、优秀主讲教师和青年教学标兵。

第三，成果奖励。学院每年对各级教学成果进行表彰奖励。

2）惩罚。对以下几方面进行惩罚：

第一，学院对年度教学工作绩效考核成绩落后的专业，在教学绩效调控中减少其经费。

第二，学院对严重违反教学规范的教师进行教学事故认定并处理，对情节较轻的教师进行通报批评。

第三，对教学质量有问题的教师在职称评定推荐时实施一票否决。

10. 专业课程简介

专业课程内容如表 1-11 所示。

表 1-11　专业课程内容

课程名称	课程内容简介	建议课时	建议学分
企业运营与组织	本课程主要讲授现代企业运行的基本工作流程、运营规则、管理方法等内容。并通过实操训练掌握企业设立规则流程、企业经营规划、运营管理控制、财务成本管理等知识，具有较强的企业管理能力、领导能力、人际沟通能力和团队合作能力	48	3
经济学基础	本课程主要讲授供给与均衡价格、消费者行为理论、成本收益理论、市场理论等内容。掌握经济学的基本理论和基本分析方法等知识，具有运用所学经济学理论和分析方法来分析经济领域相关问题的能力，对于市场经济运行具有较好的宏观分析与判断能力	45	3
应用统计	本课程主要讲授统计学中的有关指标和抽样推断、方差分析、相关分析、回归分析和时间序列分析等内容。掌握统计学理论和在经济及工商企业的管理方面的一般统计方法等知识，具有运用所学方法对具体统计对象进行分析的能力	48	3
营销心理学	本课程主要讲授消费者心理分析、消费过程影响因素分析、产品因素的心理分析等内容。掌握消费行为特点和规律等知识，具有分析客户的心理规律和行为原因的能力并能够针对不同的客户特点提供恰当的服务	60	4
会计基础	本课程主要讲授会计基本理论、基本方法和基本操作技能等内容，掌握会计对象和会计要素及其恒等关系、会计科目和账户、借贷记账法等内容，了解会计工作组织的有关内容和会计法规体系等知识。具有编制简要的财务会计报表的能力以及掌握会计基本实务操作程序和技能	48	3
市场营销	本课程主要讲授营销理念的认知、营销战略制定、购买行为分析、营销环境分析、目标市场的选择方法和市场营销组合策略等内容。掌握企业进行市场营销活动的基本业务流程与策略等知识，具有独立完成企业市场营销组合策略的设计与实施的工作能力	64	4
连锁经营与分销	本课程主要讲授分销渠道体系、连锁经营活动的战略、企业渠道战略目标的设定和分销渠道的设计等内容。掌握并运用企业设计分销渠道及连锁店的基本业务流程，认知渠道模式、进行企业环境分析、选择中间商、设计分销渠道等知识。具有设计分销渠道的能力	48	3
财务管理	本课程主要讲授财务管理基本原理、资本成本与资本结构、企业营运资金管理、财务预算与控制、财务分析等内容。掌握企业财务管理的基本理论问题、企业财务管理的基本原理问题、财务分析和财务预算以及资金营运管理等知识。具有灵活运用其基本理论和方法解决企业筹资、投资和利润分配等管理活动的实际能力	48	3

续表

课程名称	课程内容简介	建议课时	建议学分
商务礼仪	本课程主要讲授商务礼仪的含义与作用、各种礼仪标准与原则、礼仪与艺术等内容。掌握商务礼仪对商务活动的重要性及商务礼仪在不同场合的使用等知识，具有基本商务礼仪的正确表达方法和灵活运用的能力	48	3
市场调研与预测	本课程主要讲授调研的方法、调查问卷设计、调研资料收集、资料的整理和统计，选择合适的预测方法进行预测等内容。掌握市场调研的方法与市场预测的方法等知识，具有市场调研策划方案设计、收集市场资料、分析市场调查资料、进行市场预测、撰写市场调研报告的能力	48	3
客户的满意管理	本课程主要讲授客户满意管理的基本理念和基本方法、客户关系管理的方法和技巧等内容。掌握并运用客户满意管理的基本理念，独立完成客户服务与管理各项任务，具备客户服务的基本能力、客户满意度的测评能力、有效地解决客户投诉的处理能力和建立客户忠诚的能力	64	4
演讲技巧	本课程主要讲授演讲的特征、类型、原则、演讲的技巧等内容。掌握贴近学生未来工作岗位与日常生活实践需要的言语口才基本技巧与方法等知识。具有在不同交际交往场合，与不同交往对象，能自信、准确、清晰、流畅、贴切地表达并有效达成日常交际交往的能力，并形成良好的言语交际意识与习惯	42	2.5
网络营销	本课程主要讲授网络营销的促销策略、竞争战略、社会化媒体营销、网络营销的组合策略等内容。掌握以互联网为基础，利用数字化的信息和网络媒体的交互性来辅助营销目标的市场营销方式；具有制定和实施网络营销活动的能力；通过互联模拟进行网络交易与推广活动的能力	70	4.5
营销策划实务	本课程主要讲授策划的思维方式、产品促销活动策划与产品策划书撰写等内容。掌握广告策划中的思维方法、如何运用有效的市场调研作为策划的依据，商务策划书的类型及如何撰写等知识。具有思维创新的能力、综合知识整合运用能力、营销策划书的撰写能力	70	4.5
推销技巧与促销管理	本课程主要讲授促销管理基本理论、销售促进的基本策略、推销接近的准备及方法、促销广告的媒体选择、促销管理的公关等内容。掌握推销技巧和促进销售的方法与策略等知识，具有运用推销技巧成功销售商品的能力、完成管理促销活动任务的能力	70	4.5
商务谈判	本课程主要讲授商务谈判的技巧、商务谈判的心理、商务谈判的有效沟通、商务谈判礼仪与禁忌等内容。掌握不同商务谈判环境下的谈判技巧，通过商务谈判进行市场开拓和客户维护的方法等知识。具有良好的谈判技巧和语言表达能力以及良好的随机应变的能力，能够处理商务谈判中出现的突发事件和特殊事件的能力	36	2.5

课程名称	课程内容简介	建议课时	建议学分
公共关系实务	本课程主要讲授公共关系学基本理论、公关人员的基本素质和技能、公共关系礼仪、危机管理等内容。掌握塑造组织、个人形象的基本知识、规范以及基本的礼仪规范和程序，能够在言行中注重礼仪规范的训练与养成；具有公关文书写作、演讲、谈判、策划、危机管理、CI战略和社会交际等能力	40	2.5
门店运营与管理	本课程主要讲授门店运营管理的标准、门店的商品陈列和布局、门店进货和存货管理、门店促销活动的组织和实施等内容。掌握门店运营与管理的相关理论及运作模式、连锁企业的运作模式和运作规范、进行门店管理的相关知识。具有门店经营的管理能力、门店作业化相关技能和门店运营策略	50	3
ERP沙盘模拟实训	本课程主要训练企业经营战略的制定、产品开发、市场开拓、产品库存管理、产品销售管理、企业成本核算及财务管理、企业经营综合分析等内容。掌握企业经营的基本过程和企业经营的核心理念；具有企业经营的成本管理、财务管理、人力资源管理、产品开发管理的能力	60	2
市场调研实训	本课程主要训练对企业的特定项目和特定产品进行市场调研与分析；掌握调研观察对象的变量选取和统计、市场调研问卷的设计的内容和技巧、变量统计方法和统计结果分析等知识，具有市场调研的能力、调研报告的撰写能力和市场调研的综合分析与评估的能力	60	2
策略销售实训	本课程主要训练通过真实案例让学生亲身感受到复杂销售的精髓，掌握销售中识局、拆局和布局的策略制定；能够以量化的工具对效果进行分析评价，将战略营销管理的知识和技能融于整个模拟训练之中，使参训学生感悟知己知彼、谋定而动、行动前计划的重要性，从而获得解决销售困境的能力	30	1
促销与服务实训	本课程主要训练学生在企业促销活动中，将所学的促销技巧、客户服务技巧运用到实践中，掌握促销活动的实施流程及各个环节的运行以及促销技巧的运用和业绩成果的有效分析与评价等知识，具有符合企业实践的促销能力、沟通能力和客户服务能力	90	3
毕业顶岗实习	顶岗实习的内容包括企业基本情况的了解、实习岗位的熟悉与适应、按企业要求完成岗位工作任务、发现企业存在的问题并提出改进建议、总结实习期间的心得体会	480	16

11. 必要说明

市场营销专业人才培养方案要以高职课程改革的要求进行不断的修订。

二、市场营销专业人才需求调研分析报告

1. 本次调研的基本情况介绍

（1）调研的目的。为了适应市场经济发展的需要，掌握社会现有市场营销专业人才状况，了解社会未来对市场营销专业人才的需求，确定大连职业技术学院市场营销专业的培养目标，为专业课程设置提供基本的依据，对高职市场营销专业人才需求情况进行了专题调研。

（2）调研的对象、方法与形式。通过走访企业、调查问卷发放、现场访谈、网络调研，头脑风暴法、集体研讨、行业、同类院校与企业共同评估、资料收集与分析等多种方式，就相关行业和企业对市场营销专业人才的需求进行了调查和分析。具体调研对象如下：

1) 由于市场营销专业面向的是各行各业，没有专门的所属行业，所以对中国市场学会进行了电话访谈，同时对大连市工商业联合总会、政府权威机构进行了专项调查访谈。

2) 本次调研共采访了 13 家企业，其中包括大中型企业 9 家、小型企业 4 家，涉及商业零售、保险、信息技术、房地产、咨询服务和加工制造 6 个行业（企业问卷 13 份、岗位问卷 35 份）。

3) 对省内及周边地区的人才交流中心和人才交流会及相关人力资源网站进行了网上调研。

4) 对本专业 2009~2011 年学生就业岗位以及企业类型等，进行了统计分析。

5) 对省内所属本科院校和高职院校的相关信息进行了网上调研，对专业所对应的市场营销专业负责人进行了调查访谈。

6) 多次与专业指导委员会的专家进行沟通，对企业需求、岗位能力素质、能力的分解争取专家委员会的建议和意见。

（3）调研完成情况。在整个调研过程中始终坚持校企合作、全程全员参与、基础与发展兼顾的三个原则，通过完成企业与本专业对应岗位设置的现状与未来发展趋势的分析、专业对应的省内行业企业职业岗位从业人员基本情况及结构的分析、专业对应的省内行业企业职业岗位能力的分析、专业对应的资格证书分析以及我校市场营销专业的招生与就业、省内本科、高职院校市场营销专业的专业点分布和国外同类院校市场营销专业的比较分析，确定了企业对市场营销专业毕

业生知识、能力、素质的要求标准，并对人才培养目标进行了定位，构建了市场营销毕业生专业能力与职业岗位能力的关系图。

除了专业标准建设中期验收所规定的内容，还对以下内容进行了探讨和研究：

1）专业教学资源条件。专业教学资源条件包括专业师资队伍条件和专业实践教学条件，尤其对专业实践教学条件进行了完善，通过调研分析，提交了《市场营销专业实训室扩建项目》的申请书，借此建设的机会，根据商业零售业、信息咨询业、房地产营销等企业的真实工作情境建设和设计校内外实训基地，清晰地规划实训条件和实训内涵建设内容，探索建设的途径和实践教学匹配的条件规划。

2）人才培养模式建议。总结了目前专业建设和改革的经验，依赖专业调研，对市场营销专业的人才培养模式、培养条件等进行研究，并提出合理的建议和思考，提出了市场营销人才培养的未来发展方向。

3）锻炼专兼结合的专业教学团队。为专业教师在后续的课程建设中，能更好地围绕专业能力培养和专业目标进行课程建设奠定坚实的基础。

（4）调研过程。在整个专业建设的调研阶段，在学院院长的全面负责、专业主任和专任教师层层负责下，就阶段性问题进行了多次研讨与汇报。以院长、书记为领导的项目资金使用督查小组，对项目资金使用进行指导和督查，保障了其使用的规范，调查的整体过程见本章第二节的图 1-2。

2. 省内专业人才需求调研分析

（1）省内行业发展现状与趋势。省内行业发展现状与趋势如表 1-12 所示。

表 1-12　所调研企业的营销岗位设置现状与未来需求情况汇总

名称	性质	与市场营销专业相适应岗位设置的现况	与市场营销专业岗位设置未来需求情况
大连启天自动化控制系统有限公司	股份制	售前顾问，销售经理	需要既懂技术，又懂销售的复合型人才
大连恒宜科技有限公司	股份制	市场部经理，销售顾问	企业在不断扩大规模，开发市场的过程中，更需稳定的销售团队
沃尔玛（大连）商业零售有限公司	国外独资	营销部	善于沟通，吃苦耐劳型的人才
大连裕祥科技集团有限公司	股份制	销售部	根据销售及市场需求而定
西安宝泰贸易有限公司	外商投资企业	导购（营业员），零售经理	良好的认知，愿从基础做起、有零售工作经验、适应性强

名称	性质	与市场营销专业相适应岗位设置的现况	与市场营销专业岗位设置未来需求情况
泰德煤网股份有限公司	股份制	业务经理，客户经理，市场专员	业务经理，市场分析人员
大连用友软件有限公司	股份制民营	销售与服务，市场部、销售部、老客户经营部	开拓新客户销售人员，维护老客户的服务营销人员
用友科技有限公司	教育公司	总监，经理，客户代表	有 3~5 年营销经验人员
大连中原地产代理有限公司	外企独资	置业顾问，与市场营销专业相对应	每年都会有相关需求及人才培养
大连链家房地产经纪有限公司	合营	运营置业顾问，分店助理	运营职业顾问，分店助理，总部市场分析，经济管理
大连盖博联科技有限公司	民营	客服中心，接待部门经理	售前咨询顾问
益贝管理发展（大连）有限公司	民营	客户经理（3 人）	增加客户经理 3 人
百年人寿	股份制	电话营销	未来 3 年电话营销需求 300 人

企业与本专业对应岗位设置的现状，企业本专业对应岗位设置的现状在第二节第二部分的第 7 个标题进行了论述，在此不赘述。

（2）市场营销专业对应的省内行业企业岗位从业人员基本情况及结构分析。基本情况与结构分析如下：

1）市场营销专业对应的省内行业企业岗位从业人员基本情况。市场营销专业所面向的是各种类型的企业以及政府所属相关部门，从事产品（服务）销售市场开发、客户服务，策划、组织、执行产品和品牌市场推广方案，进行渠道管理与维护等工作。

2）职业岗位分析。市场营销专业毕业生的去向复杂多样，不仅工业企业、商品流通企业、饮食服务业需要众多的市场营销人才，金融业（含保险与证券业）、房地产行业和信息技术产业等都需要市场营销人才。其中，工业企业与商品流通企业的需求所占比重最大，分别占 31% 和 33%。市场营销职业岗位主要为市场调研、产品管理、广告策划、产品策划、促销、渠道管理、店面管理、销售代表、客户管理和咨询服务等。因此，拓宽市场营销专业学生的实用知识面，关注多行业对营销人才的需求，是市场营销专业人才培养的客观要求。

3）市场营销专业对应的省内行业企业岗位从业人员结构分析。从对 13 家企业的调查问卷的数据进行分析整理来看，市场营销专业对应的省内行业企业岗位从业人员的基本结构情况在第二节第二部分的第 1 个小标题进行了论述，在此不赘述。具体如图 1-3、图 1-4 和图 1-5 所示。

（3）市场营销专业对应的省内行业企业职业岗位能力分析。根据调查数据，对市场营销人员的职业方向和相对应的岗位所需要的关键能力和关键业务进行了分析，如表 1-13 所示。

表 1-13　市场营销人员的职业方向和相对应的岗位所需要的关键能力一览表

行业 \ 级别		初级	中级	高级	营销人员关键能力	营销关键业务
B2C （商家对顾客）	快销品	营业员 收银员 促销员 导购员 理货员	直销店长 卖场经理	渠道经理 区域经理 营销总监	基本礼仪 熟悉产品 有效推荐	品牌战略、营销策划区域布局、渠道管理、卖场管理、门店管理
	综合卖场					
	医药零售					
B2C （商家对顾客）	服装鞋帽	营业员 导购员 在线座席 销售内勤 销售助理 销售代表	直营店长 团购主管 VIP 经理	渠道经理 区域经理 营销经理	基本礼仪 迎合技巧 需求探寻 有效推荐 简单谈判 快速成交	品牌战略、营销策划、门店管理、渠道管理 快速成交技巧 客户管理
	耐消品 （车房）					
	奢侈品 （珠宝等）					
	家居建材					
	3C 产品					
B2B （商家对商家）	B2C 产品团销、团购	业务代表	KA 经理 大项目经理 区域经理 行业经理	区域总监 销售总监 行业总监 营销总监	商机挖掘、需求探索 解决方案、关系突破、商务谈判、销售策略、投标把控	市场分析 客户定位 需求挖掘 方案推荐 客户关系 价格策略 组织角色流程复杂 多角色决策影响者 销售策略制定 区域行业客户经营
	简单产品销售					
	制造业 （工业品）	业务代表 客户经理 项目经理				
	物流/流通	业务代表 客户经理 项目经理	KA 经理 大项目经理 区域经理 行业经理	区域总监 销售总监 行业总监 营销总监	顾问式销售 解决方案销售 大项目策略销售 大客户持续经营	
	工程/设备					
	服务业 （IT/咨询）					

（4）市场营销专业对应的职业资格证书分析。根据调查数据分析，市场营销专业从业人员在实际工作岗位上所需的职业资格证书相对比较单一，有些企业也不要求相应的资格证书，更看重实际经验和未来发展的潜力。如果毕业生具备相应的资格证书，同样是知识能力的体现，也受企业的欢迎。就业岗位所对应的职

业资格证书如表 1-14 所示。

表 1-14　就业岗位所对应的职业资格证书

序号	就业岗位	职业资格证书
1	商务谈判	助理营销师
2	市场调研与营销策划	助理营销师
3	销售管理	助理营销师
4	门店运营与管理	助理营销师
5	网络营销	助理营销师、助理电子商务师
6	客户服务	助理营销师

对于市场营销专业毕业的学生，在就业时对学生帮助最大的社会通用职业资格证书就是助理营销师（三级）资格证书。因为具备这个资格证书，说明学生具备了市场营销岗位从业人员应该具备的知识结构，而且对学生今后岗位技能的提升提供了发展的基础。另外，由于社会经济的转型，对网络营销的人才需求越来越多，因而对营销人员的计算应用能力方面也有较高要求。

"双证制"是高等职业教育的必然趋势。本专业学生的培养必须辅之以"双证书制度"，学生不仅要取得学历证书，还必须获取从事专业工作所需的基本素质证书（"普通话证书"、"计算机应用能力等级证书"、"外语等级证书"等）和职业资格证书（"助理营销师"、"助理电子商务师"证书等），以满足技术应用能力培养和职业准入资格的要求。

市场营销专业学生培养的主导方向是适应市场经济发展的高级人才，主要与营销专业的职业资格证书挂钩，目的是通过教学，使学生达到取得助理营销师（三级）的考证能力的要求，而助理营销师资格所考核的知识和技能的要求涵盖了市场营销岗位所需的大部分知识内容，因而在市场营销课程体系设置时，课程内容要结合助理营销师的考核知识点，适当开设开拓知识或深化技能的课程。

3. 省内专业现状调研分析

（1）市场营销专业在高职院校的专业分布情况。为了解市场营销专业在高职院校中的分布情况，我们采用了网络调查和电话调查的方法，对省内高职院校设置市场营销专业的学校数和该校近三年来的市场营销学生每年的招生数做了调查，如表 1-15 所示。

表 1-15　市场营销专业高职院校分布情况（共计 17 所）

单位：人

区域	学校名称	2010 年招生	2011 年招生	2012 年招生	合计
大连地区（3 所）	大连艺术职业学院	33	35	35	103
	大连软件职业学院	60	70	80	210
	大连职业技术学院	80	80	80	240
沈阳地区（7 所）	辽宁广告职业技术学院	60	60	60	180
	辽宁交通高等专科学校	80	80	80	240
	辽宁金融职业学院	60	70	80	210
	辽宁经济职业技术学院	212	220	217	649
	辽宁现代服务职业技术学院	45	40	40	125
	沈阳工程学院	30	30	45	105
	沈阳职业技术学院	60	60	60	180
其他地区（7 所）	渤海船舶业学院	40	36	40	116
	朝阳师范高等专科学校	34	45	53	132
	抚顺职业技术学院	30	35	35	100
	阜新高等专科学校	40	36	35	111
	锦州师范高等专科学校	30	30	30	90
	辽宁信息职业技术学院	220	215	232	667
	辽阳职业技术学院	34	50	50	134

（2）市场营销专业招生与就业岗位分布情况。市场营销专业招生与就业岗位分布情况如下：

1）市场营销专业近三年来在校生数和招生数分析。市场营销专业近三年来在校生数和招生数变化如表 1-16、图 1-15 所示。

表 1-16　近三年市场营销专业的招生数和在校生数

单位：人

	2010 年	2011 年	2012 年
招生数	80	80	80
在校生数	180	240	240

根据表 1-16、图 1-15 的数据分析，近三年来大连职业技术学院市场营销专业的每年的招生数和在校生人数一直呈现平稳的状态，每年的录取人数都能达到计划招生人数，说明市场营销专业学生的毕业后就业前景还是很乐观的。

2）近三年来市场营销专业毕业生就业的岗位分布情况分析。近三年市场营销专业毕业生就业岗位分布情况在第二节第二部分第 5 小标题进行了详细注述，

数量（人）

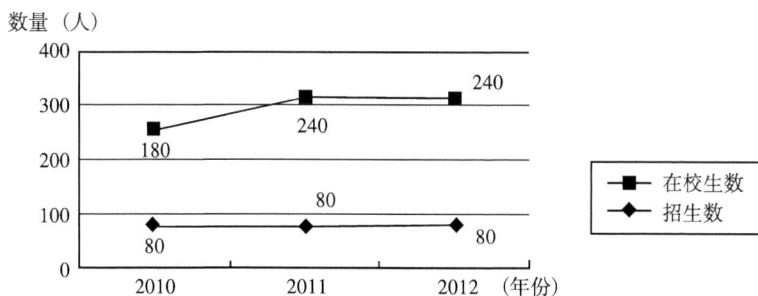

图 1-15　近三年市场营销专业的招生与在校生变化

在此不赘述。

（3）本科院校开设市场营销专业的情况分析。本科院校开设市场营销专业情况如下：

1）本科院校开设营销专业的分布情况。为了解市场营销专业在本科院校中的分布情况，我们采用了网络调查和电话调查的方法，对省内本科院校的设置市场营销专业的学校数和该校近三年来的市场营销学生每年的招生数做了调查，结果如表 1-17 所示。

表 1-17　市场营销专业本科院校分布情况（共计 20 所）

单位：人

区域	学校名称	2010 招生	2011 招生	2012 招生	合计
大连地区（10 所）	大连大学	60	60	90	210
	大连东软信息学院	85	85	85	255
	大连海事大学	30	30	30	90
	大连海洋大学	60	90	90	240
	大连交通大学	112	132	126	370
	大连理工大学	43	47	40	130
	大连理工大学城市学院	91	124	140	355
	大连民族学院	110	110	110	330
	东北财经大学	30	30	30	90
	辽宁对外经贸学院	90	100	100	290
沈阳地区（5 所）	辽宁工业大学	60	60	60	180
	沈阳理工大学	110	60	60	230
	沈阳农业大学	60	63	61	184
	沈阳师范大学	60	60	60	180
	沈阳药科大学	62	64	98	224

区域	学校名称	2010 招生	2011 招生	2012 招生	合计
其他地区（5 所）	鞍山科技大学	70	60	60	190
	鞍山师范学院	64	60	61	185
	辽东学院	60	60	60	180
	辽宁工程技术大学	30	35	42	107
	辽宁科技学院	80	78	53	211

2）本科专业与高职专业在人才培养目标和就业岗位等方面的比较分析。通过海洋大学、大连大学等六所省内本科院校和辽宁经济职业技术学院、大连软件职业学院等五所高职院校的人才培养方案的对比分析，对于市场营销专业而言，在人才培养目标、就业岗位、能力素质要求等方面有所不同，具体分析如下：

第一，人才培养方向与目标。本科市场营销专业主要培养战略型营销人才和管理型营销人才。战略型营销人才包括营销项目策划与规划人才，营销教学科研与培训人才。他们从事企业营销战略、发展方向的研究，具备敏锐的市场预测能力，能够深入分析市场营销宏观环境与微观环境，熟知企业、行业的营销活动全局以及各个流程、环节。管理型营销人才则是指掌握企业或行业的经营活动规律，能够胜任企业经营管理各个方面的工作，具备良好的协调能力，既积累了一定的营销技能，同时具备了与营销有关的其他方面的知识、经验、素质。而高职院校的市场营销专业主要培养的是应用型人才，关注学生的技术与技能，是在企业中从事具体营销工作，主要包括市场调查、促销、推销等。

第二，就业岗位。通过调研，我们了解到市场营销专业的岗位群覆盖企事业单位及政府相关部门，具有非常广泛的就业领域。我们对市场营销专业的就业岗位群进行了对比分析，如表 1-18 所示。

表 1-18　本科院校与高职院校就业岗位群对比

	本科	高职
就业岗位群	企业的销售部门的业务员或主管岗位	零售企业或批发企业的促销员、推销员等岗位
	企业的营销策划、市场预测人员	企业营销部门的市场调查、信息统计、售后服务等岗位
	各类咨询公司的管理相关岗位	各类咨询公司的基础岗位

由于市场营销岗位本身对没有岗位经验的人员要求从最基本工作做起，高职的培养目标定位更符合企业的现实要求，所以高职学生在市场营销岗位更受企业欢迎。

第三，职业素质。职业素质比较如表1-19所示。

表1-19　本科院校与高职院校在职业素质方面的比较

素质要求	素质项目
高职高专同于本科	思想品德及职业道德素质、市场营销技能、就业创业能力等
高职高专高于本科	身体素质、心理素质、推销技能、服务技能、表达能力（普通话）等
高职高专低于本科	英语和计算机应用能力、营销管理及策划能力等

第四，职业能力。职业能力比较如表1-20所示。

表1-20　本科院校与高职院校在职业能力方面的比较

能力要求	本科要求	高职高专要求
英语	3级	4级
计算机应用能力	1级	2级
市场营销能力	助理营销师（三级）资格证	营销师（二级）资格证
网络营销能力	电子商务师资格证3级	电子商务师资格证2级

（4）国外同类院校开设市场营销专业的比较分析。与国外同类院校开设市场营销专业的比较分析在第二节第二部分的第3小标题进行了详细论述，在此不再赘述。

（5）市场营销专业教学情况及存在问题分析。根据调查的信息反馈以及网络调查的相关资料，对高职院校市场营销专业的教学现状及存在的问题做了简单的分析。

高等职业教育是以育人为根本，以就业为方向，以服务地方经济为宗旨，以产、学、研结合为途径，培养面向生产、建设、管理、服务第一线的高技能人才。而高职市场营销专业人才的培养，应该是以能力目标为导向，从教学和实践环节入手，突出以学生为主体，按照企业整体市场营销工作流程设计课程体系，采用项目驱动的模式组织教学过程，对市场营销专业实践性教学进行改革。然而，当前我国大部分高等职业院校在市场营销专业的教学过程中，教学方法与职业技术人才培养目标不相适应，毕业生社会适应性不高，不能满足社会对市场营销技术应用性人才的需求。主要表现在以下几个方面：

1）缺乏多样化的教学方法和教学手段。当前，高职院校市场营销专业的教学模式主要分为两种：第一种是案例分析法，第二种是多媒体讲授法。但是，在实际的教学工作中，这两种现有的教学模式越来越体现出它的缺陷。一方面，部分高等职业院校的教师在市场营销的教学中方法陈旧，还停留在一本教案、一块黑板的阶段，案例更新速度较慢，案例教学手段单一；另一方面，还有相当部分的学校，市场营销的教学现代化教学手段的运用流于形式，不得要领，多媒体技术的辅助教学应用也只是起到了替代原先黑板的作用，案例教学法的应用也仅是为了活跃课堂气氛。在实际运作中，越来越暴露出这些问题，使大部分学生对营销专业兴趣不大，以应付考试为主。由于缺乏多样化的教学方法和教学手段，严重制约了高等职业院校学生学习兴趣的培养。

2）缺乏与学生职业能力培养相适应的科学评价体系。部分职业院校的市场营销课程基本上沿袭了传统的考核方式。学生学校效果评价基本以教师命题为主，考核的方法大多采用笔试，其试题在难度级别、知识分布和题型分布等方面主观性较强，缺乏科学性。这种学习效果的评价体系忽视了对学生职业能力的考察，最终可能导致评价信息的失真，影响了学生学习的积极性，不利于学生职业能力的形成。

市场营销职业能力在很大程度上取决于营销创新能力的高低，而部分高职院校市场营销课程教学，缺乏与学生职业能力培养相适应的科学评价体系，受传统教学习惯的影响较大，往往只重视理论的讲授和考核，无法对学生知识的掌握做出准确的判断及分析，无法根据实际的市场人才需求情况给学生提供不断变化的实践内容，无法为学生提供广阔的空间来使其锻炼自己的创新能力。

3）实践性教学的投入力度欠缺。市场营销实验室建设投入低，专业教学大多采用较为落后的传统模式，仅具有"营销模拟操作平台"等软件。从事市场营销工作不仅需要熟悉市场营销理论，更强调从业人员良好的心理素质和技术技巧，而职业素质和能力的培养，仅靠现有的"营销模拟操作平台"等软件的模拟实训是不可能实现的。实践性教学的投入力度欠缺，还体现在市场营销课程教师的聘用方面，实践教学能力强的教师紧缺，尤其是那些真正具有从事营销实践活动经历和经验的教师极少，没有真正形成能有效指导学生实习实训的专兼结合的教师队伍，制约着学生市场营销职业能力的形成。

4）实践教学环节效果缺乏保障。市场营销专业实践环节的设置主要有三个：课程实训、认识见习和毕业实训。课程实训是为了巩固课程知识、培养动手能力、实战解决问题的能力而开设的，但由于受师资等条件的限制，其力度和深度还有待加强，而且课程实习仅停留在模拟解决问题的阶段，无法深入解决实战问题；认识见习是培养学生的专业认知能力，了解整体市场营销活动的工作流程的环节，考虑到学生安全问题、实习经费等多方面的原因，原定 2~3 天的详尽参观和深度拜访的见习往往在短短半天内就仓促完成，不能达到预期效果；毕业实训是依赖于实训基地而开展的重要教学环节，然而由于实习基地建设的薄弱，实习往往也只能是形同虚设，采取"放羊"模式，缺乏保障的教学实践环节很难适应市场需求。

4. 调研和分析结论

（1）企业对市场营销专业毕业生知识、能力、素质要求分析。企业对市场营销专业毕业生知识、能力素质的需求分析有如下几方面：

1）职业能力分析。职业能力分析在第二节第三部分的第 1 个小标题进行了详述，在此不赘述。

2）市场营销人员岗位所需知识、能力、素质要求以及未来可持续发展的方向。市场营销人员岗位所需知识、能力、素质要求以及未来可持续发展方向如表 1-21 所示。

表 1-21　市场营销人员岗位所需知识、能力、素质要求以及未来可持续发展的方向

行业	关键任务（知识）	能力	素质	岗位	发展方向
商业零售门店	坐店销售 （基本礼仪、迎合技巧、简单谈判、FAB)	语言表达能力 人际沟通能力 理解执行能力	认真仔细 态度积极 身体健康	营业员 收银员	领班 店长等
快速消费品、耐消品行业	主动销售 （商机挖掘、问询技巧、客户心理、电话销售技巧)	语言表达能力 人际沟通能力 抗挫折能力 专业操作能力	忠实诚信 责任心强 吃苦耐劳 敬业精神 身体健康	电话销售 销售助理	销售代表
工业品、IT 设备、医疗机械、房地产、咨询服务等	产品销售 简单项目销售			销售代表	大客户销售 复杂销售
工业品、IT 设备、医疗机械、客户咨询服务等	复杂项目销售 即"多人参与的购买组织的决策过程"的项目 （顾问式/方案销售、大客户维护发展、销售策略)	语言表达能力 演讲能力 计划能力 人际沟通能力 组织管理能力 创新能力	忠实诚信 责任心强 态度积极 敬业精神 团队合作 身体健康	大客户销售 项目销售	销售经理管理团队

（2）人才培养目标定位。在调研的基础上，通过列表的归纳分析，确定了市场营销专业的培养目标：以第三产业为依托，以产品、服务市场营销为重点，服务大连，面向企事业单位、政府机关、工商行政管理部门以及其他群众团体组织，培养具有诚实守信品质、爱岗敬业精神、挫折承受能力和团队合作意识，掌握营销策划、产品及服务推销、市场调查、客户服务及管理、现代营销管理知识，通晓营销管理的理论与实务等职业能力，从事市场调查、营销策划、推销业务、客户服务管理、营销管理等岗位，服务与管理第一线需要的强技能、精操作、善推销、会服务的高素质高技能型应用人才。

市场营销专业各位岗位培养目标定位如表1-22所示。

表1-22　各行业市场营销人员的培养目标定位一览表

行业比较	关键任务	人才培养目标
商业流通区域商业门店	坐店销售（基本礼仪、迎合技巧、简单谈判、FAB）	具有职业意识，领会岗位职责，掌握必要的文化基础知识，从事商品导购、商品推销、门店收银等岗位一线工作的初级销售人员
商业流通领域旅游服务业快消品耐消品行业	主动销售（商机挖掘、问询技巧、客户心理、电话销售技巧）	具有职业意识，明确岗位职责，掌握必要的文化基础知识，了解基本商机挖掘技巧及方法，理解探索客户需求及把握客户心理技巧，从事商品导购、商品推销、电话销售、门店收银、营业等岗位一线工作的初级销售人员
工业品、IT设备、医疗器械、房地产、咨询服务等	产品销售简单项目销售	掌握经济学基础、市场营销基本知识，理解客户导向、客户经营、以客户为中心的营销理念；掌握产品和简单项目销售的基本流程；掌握挖掘商机、激发客户兴趣、当面拜访的方法；具有完成简单项目销售订单或协助完成项目销售订单的能力
工业品、IT设备、医疗器械、旅游服务、咨询等	复杂项目销售即"多人参与的购买组织的决策过程"的项目（顾问式/方案销售、大客户维护发展、销售策略）	掌握经济学基础、市场营销基本知识；理解客户导向、客户经营、以客户为中心的营销理念；掌握市场推广商务谈判、项目推进的方法及技巧；理解大项目销售流程及相关工具集，应用大项目销售工具进行项目挖掘、分析、推进等项目管理工作；完成销售策略评估、销售机会评估、销售风险管理、销售漏斗管理等工作；完成一定规模项目销售订单的能力
大型制造、建筑、房地产、跨行业集团、政府事业单位等	销售管理（客户经营与管理能力、行业区域销售规划、销售预测与业绩管理、销售团队管理）	掌握经济学、市场营销基本理论；理解当今及未来社会客户导向、客户经营、以客户为中心的营销理念；掌握客户的采购、决策流程，并能够根据客户的采购、决策流程制定营销流程；了解市场调研、销售技术、客户管理基本操作实务。掌握市场推广、商务谈判、项目推进的方法；理解并掌握销售漏斗管理原理；具备独立拜访中高层客户、完成中等规模销售订单的能力

（3）专业能力确定。根据调研数据分析，市场营销专业的专业能力以及与职业岗位能力的关系如表1-23所示。

表1-23　专业能力与职业岗位能力关系

序号	就业岗位	专业能力	岗位能力	专业拓展能力
1	市场调研与营销策划	调查问卷设计 调查组织实施 调查报告撰写 策划方案制作	基本能力： 产品推销与促销能力 把握消费者心理知识 网络营销知识 专业核心能力： 调查问卷设计及执行能力 市场调查与预测能力 连锁门店运营与管理能力 商务策划能力	营销供应链管理能力 人力资源管理能力
2	销售管理	渠道与终端的建设、维护 产品推销与促销 把握消费者心理知识 推销策略		
3	商务谈判	流畅的口头表达 规范的书面表达 个人形象与组织形象设计 有效的商务交际与谈判 商务谈判能力		
4	门店运营与管理	商品进、销、存、盘业务环节 门店运营与管理实施 门店选址、外观设计及店内环境设计训练 专卖布局与现场陈列		
5	网络营销	网络营销 电子商务运用 信息的处理技术		
6	客户服务	能够积极配合销售部门开展工作 能够建立售后服务信息管理系统（客户服务档案、质量跟踪及反馈） 能够妥善处理客户投诉 能够与质量部门沟通产品质量信息并提出改善意见		

通过对各类组织营销人才需求与岗位能力调研分析，将市场营销专业课程体系以职业岗位能力需求为主线（如图1-16所示），对相应模块的能力和知识进行分解与重构，以实践为导向，以教师为主导，以学生为主体。从职业的实际需求出发选择项目为教学内容，通过师生共同实践这一完整的项目进行教学活动。

在教学中培养学生卓越的应用能力、创新能力来适应市场营销（企业经营管理活动）应用性和实践性极强的专业特点。

坚持以工作过程为导向，融入职业要素原则。以"工作过程"、"营销过程"或"工作流程"为导向构建基于工作过程系统化的课程体系，按照明确典型工作

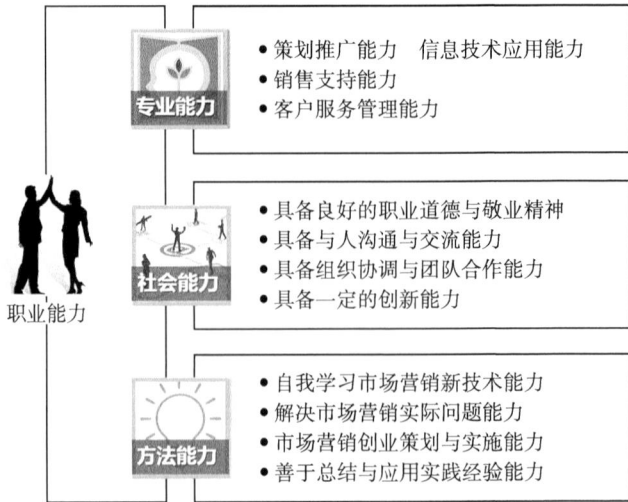

图 1-16 职业能力包含的内容

任务、确定行动领域、转换学习领域、设计学习情境的步骤进行课程开发，实现教学内容与工作过程一致。同时实现市场营销专业课程的考核标准与对应的职业资格证书标准相协调，实现双证融通。

总之，通过本次调研更加清晰地掌握了市场营销专业的岗位与人才需求，为人才培养方案的制定奠定了基础。

第二章
人才培养模式的实践与探索

2006年，中共中央办公厅、国务院办公厅印发了《关于进一步加强高技能人才工作的意见》（中发办［2006］15号）的通知，提出健全和完善以企业为主体、职业院校为基础、学校教育和企业培养紧密联系、政府推动和社会支持相互结合的高技能人才培养体系的建议，为进一步推动高技能人才培养特别是人才培养模式探索与实践起到了积极的促进作用。

教育部16号文件《关于全面提高高等职业教育教学质量的若干意见》第五条"大力推行工学结合，突出实践能力培养，改革人才培养模式"中指出，"要积极推行与生产劳动和社会实践相结合的学习模式，把工学结合作为高等职业教育人才培养模式改革的重要切入点，带动专业调整与建设，引导课程设置、教学内容和教学方法改革。人才培养模式改革的重点是教学过程的实践性、开放性和职业性，实验、实训、实习是三个关键环节。要重视学生校内学习与实际工作的一致性，校内成绩考核与企业实践考核相结合，探索课堂与实习地点的一体化；积极推行订单培养，探索工学交替、任务驱动、项目导向、顶岗实习等有利于增强学生能力的教学模式；引导建立企业接收高等职业院校学生实习的制度，加强学生的生产实习和社会实践。"

在全国高职示范校建设和以后的"后示范校"建设期间，全国高职院校专业建设的核心任务之一，就是探索本专业的人才培养模式，关于高职专业人才培养模式的研究、各种实验的结论和建设的阶段性成果层出不穷。

第一节　人才培养模式的内涵

一、人才培养模式的内涵

人才培养模式是指在一定的现代教育理论、教育思想指导下，按照特定的培养目标和人才规格，以相对稳定的教学内容和课程体系，管理制度和评估方式，实施人才教育过程的总和。这个简单的概括，包含了人才培养模式的以下内涵：

1. 围绕一定人才培养目标展开，有主导性的教育教学理念

人才培养模式是为了培养专业人才而形成和制定的，因此，是围绕着一定的人才培养目标而展开，也是人才培养模式形成的实践和应用价值所在；人才培养模式也是在一定的教育环境下产生的主导教育教学方式和教育理念下形成的，或者说是人才培养模式的主题通常产生于模式构建者在某种特定的环境中所产生的教育观念，所以，人才培养模式即体现了一种教育教学理念，也是受某种教育教学理念的影响而产生。

2. 可操作的培养体系和支持系统

人才培养模式是为了服务专业人才的培养，为了达到人才培养目标，必须有一套可操作的人才培养操作系统和支持系统。

在人才培养模式的可操作系统中，包括以下四方面的内容：其一是人才培养的目标和规格；其二是为实现一定的培养目标和规格的整个教育过程；其三是为实现这一过程的一整套管理和评估制度；其四是与之相匹配的科学的教学方式、方法和手段。其中，核心内容是第二部分的内容，教育过程就是如何根据人才培养的要求，科学地进行教学的安排和组织。这是进行人才培养的主要途径。

支持系统包括学校的管理、企业和政府行为的支持和合作等。它是保障人才培养模式得以实现的"保健系统"。

在学校，人才培养模式有相应的管理体制、人员结构、教学制度、课程体系等作为支撑。比如，如何对校企合作进行管理，如何建设双师型师资队伍保障人才的培养，如何编制好的教育管理制度对学生进行理论教学、实践教学、教学评

价，等等。

在产业方面，企业是否愿意和学校合作接受学生的各种实践，其主要有三种动因，一是政策驱动。由于很多国家有鼓励产业接受学生实践的相关政策，用人单位受税收优惠等政策的激励，把接收学生实践与自己的利益挂钩，而且逐步形成一种习惯。二是廉价劳动力。用人单位的一些非关键岗位技术要求或风险系数不是很高，由现有工作人员承担或专门为此招收新人成本过高，但由学生承担比较合适，非但成本低廉，而且学生较容易"上手"。三是长远考虑。由于市场经济较为成熟，用人单位从自身可持续发展的需要出发，把接收学生实践作为招募理想新成员的途径之一。作为促进良性发展的学生实践活动，一定是基于校企两者之间的"双赢"为基础。

在政府方面，很多发达国家都制定了相关政策。这些政策主要分为两个方面：一是鼓励用人单位接收学生实践；二是鼓励学校实施工学结合的人才培养模式。前者最常见的是减税退税政策，较为典型的是加拿大安大略省的退税制度（Co-operative Education Tax Credit，CETC）。该政策规定，用人单位每接收一位学生实践，就可以享受相应的退税待遇。

3. 模式的典型性和稳定性

模式不是一般的具体形式，而是具有典型意义的、有代表性的存在框架或体系，是在长期实践中从多样的现实存在物中概括出来，经受各种检验并最终"定格"的结果，因此，它必然有某种个性特质，而体现这种个性特质的要素通常是模式的主题、结构与功能设定、支持系统和适用环境；由于模式是一种概括和"定格"，因此，其具备一定的稳定性。

二、人才培养模式的类型

关于高职人才培养模式的研究众多，主要分为外国成熟的人才培养模式和国内正在开发和研究的人才模式。

1. 国外和中国台湾的人才培养模式

国外及中国台湾有以下四种基本人才培养模式：

（1）CBE 模式。CBE 模式是以加拿大、美国为代表的人才培养模式。这种教育以能力为基础，它的核心是从职业岗位的需要出发，确定能力目标。通过有代表性的企业专家组成的课程开发委员会，制定能力分解表（课程开发表）。以这些分解的能力为目标，设置课程，组织教学内容，最后考核是否达到这些能力要求。

（2）CBET模式。CBET模式是以英国、澳大利亚为代表的人才培养模式。这种模式以能力为基础进行教育与培训。模式的关键是组织专家确定能力标准，成立国家资格委员会，建立一种能力本位的国家职业资格证书制度。

（3）"双元制"模式。"双元制"模式是以德国为代表的人才培养模式，即由企业和学校共同担负培养人才的任务，按照企业对人才的要求组织教学和岗位培训。这样，学生能较熟练地掌握岗位所需的技术，一毕业就能很快地顶岗工作，普遍受到企业的欢迎，曾被誉为德国经济振兴的"秘密武器"。

（4）"建教合作"模式。"建教合作"模式是以中国台湾为代表的人才培养模式。它是学校与企业合作，实施教育与训练，共同培养应用型人才的职业技术教育方式。

2. 国内人才培养模式现状

上面提过，国内高职人才培养在教育部教高［2006］16号文件的指导下，把工学结合作为人才培养模式改革的重要切入点，带动专业调整与建设，引导课程设置、教学内容和教学方法改革。校企合作、工学结合的高职人才培养模式已在职教界形成共识。在此基础上，各高职院校和专家学者分别根据各地、各专业具体教学实践，形成了多种各具特色的人才培养模式。比如"三位一体"人才培养模式：一体是指学生是主体，三位指由学校（组织）、社会、企业（参与）三方共同培养，双证书、多途径的高素质技能型人才培养模式。由于专业特点、各地经济发展水平和特色、对高职教育的理解不同等原因，人才培养模式众多，但是，其共同的特色就是在体现"校企合作，工学结合，理实一体，做学合一"等特点，核心问题就是如何进行校企合作，符合当地岗位需求，为企业和行业培养生产、建设、服务和管理第一线急需的高技能人才。

三、人才培养模式的要素与选择

明确人才培养模式的要素可以有效地增加和提高人才培养模式的实践性和可操作性，各专业在人才培养模式的选择中，可以根据各要素特点和实际选择合理的人才培养模式。以下六个要素既是人才培养模式的要素，也是专业人才培养模式选择的主要依据。

1. 明确定位人才培养目标与规格

高职教育是以就业为导向，因此，如何根据区域经济发展和专业对应的岗位需要确定培养目标和人才规格是人才培养模式首先要解决的问题。高等职业教育既有高等教育的属性，又有职业教育的属性，在人才培养模式的构建中，要体现出"高"与"职"的两大属性的结合与统一。

2. 构建系统化课程体系

课程体系是为了完成培养目标把教学内容按一定组织结构搭建的支撑结构，是人才培养模式的关键和核心因素，在目前高职教育中，课程体系包括专业课程的基础知识、能力与素质三大体系融会贯通的课程体系。

3. 运用"教学做一体化"教学方式

"教学做一体化"教学方式其主要内涵是最大程度地确保学生"学中做"和"做中学"：一是"学中做"，以高职院校工学结合实施为目标寻求与企业合作的一种教学模式，其主要特点是根据学生技能要求，开展诸如工学交替、现场教学等工学结合形式，目标是学习过程中贯穿应用和训练，提高学生学的应用性；二是"做中学"，以企业一线服务为目标主动提高院校在市场需求中吸引力的一种教学模式，主要是通过完成各种真实任务，提高学习能力和实践能力。

4. 构建"双师素质"与"双师结构"教学团队

"双师素质"是除教师具备知识教学能力外，更需要具备职业素质和能力；"双师结构"是整体结构上专兼结合，兼职教师在整体"教师"结构队伍中比例应逐步达到1∶1。为此保证人才培养模式得到落实和施行。

5. 建立多元评价体系

以高职毕业生就业质量以及行业企业对高技能人才质量评价为切入点，从高技能人才质量标准的岗位专业能力、岗位迁移能力和可持续发展能力三个维度进行分析，同时注重高职教育质量评价主体的多元性，应包括教学单位的自我测评、政府的定期评价（如就业率统计、政策倾斜等）、社会专业测评（如组织接受相应院校、企业、评估机构以及投资者、资助者等委托做出评价）以及学生自我评价等，最终形成包括院校、企业、政府、学生、社会中介等评价主体参与其中的评价体系，以提高评价的信度与效度。

6. 构建校内外结合的实践教学体系

建设校内实训条件，提高职业能力培养力度；积极利用自身的优势，与政府、行业、企业或者社会相结合，逐步开发实训基地的生产性功能，通过产品生产、社会服务、技术研发等生产性过程，以实现经济效益来补充实训基地正常运转的所需，并在生产中推行工学结合的人才培养模式。

专业人才培养模式的构建就应该在一种教育教学理念的指导下，依据专业人才培养的特点和要求，更好地实现专业人才培养的目标。

四、市场营销专业人才培养模式的探索和实践

根据教育部关于人才培养模式构建的职业化、开放化和实践化要求，在广泛的对企业与岗位能力调研的基础上，依据市场营销各岗位的职业活动特点，与企业人员共同研讨，确定市场营销专业的人才培养目标为本专业培养德、智、体全面发展，掌握市场调查与预测、市场营销、营销心理学、客户满意管理、促销管理和营销策划实务等知识，具有市场调查、销售、客户服务、营销策划等能力，从事市场专员、销售与销售管理、客户服务与策划等岗位工作的高素质技能型人才。

为了实现这一培养目标，根据市场营销专业技能人才的职业成长规律和特点，结合学院实际的教学条件和校内外实训条件，开发出了以能力培养为核心的"1311"交互上升式人才培养模式。关于"1311"交互上升式人才培养模式在第一章第四节第一部分的第 8 个小标题进行了详细介绍，在此不赘述。

"1311"交互上升式市场营销专业人才培养模式具有以下特点：

1. 人才培养模式内涵与目标的定位清晰

这种培养模式注重教学内容的准确定位、教学模式的适时更新，教学过程的合理调整、教学效果的科学评价，因此，使人才培养模式内涵与目标定位更加清晰。

在三年的教学过程中，以教授学生专业理论知识和技能为基础、以岗位专业技能为主线，逐步培养和提升学生的可持续发展能力，学生不但能够与校外企业直接对接掌握专业技能，而且能胜任具体的工作岗位，在职业生涯中有上升和发展的空间。

2. 人才培养模式的职业化、实践化的保障充分

在四个阶段的实施中，注重校内外实习实训条件建设，确保人才培养模式的实践效果。针对人才培养目标和岗位群的定位，建设校内实训室，如网络营销实

训室、ERP 实训室、策略销售实训室，培养学生的专业基础能力，适应企业营销各个不同岗位的需要；建立市场营销综合技能应用实训室，提高学生营销技能的综合应用能力，使职业活动导向教学得到了充分的保障。

校外实训条件的建设主要通过校企合作方式开展，陆续与中原地产、大连商场、宝胜国际、58 同城等企业签订合作协议，确保签约岗位始终用于本校市场营销专业的学生开展岗位实践，能够保障和实现学生分别在学校和企业间交替进行市场调研、营销策划、促销管理及客户服务四个岗位的轮岗实训和顶岗实习，确保学生顶岗实习半年以上，使教学过程具有实践性、开放性和职业性。

总之，市场营销专业人才培养模式的研究和确定，突出了专业能力培养的阶段性，符合学生的成长规律，有助于人才的培养；岗位群明确，岗位能力清晰，使学生更清晰地认知将来的岗位，明确自己应该掌握的专业技能，为学生更好地进入岗位，做好了充分的准备；贯穿了高职人才培养的新理念和新方法，提高了人才培养的质量。

第二节　市场营销专业人才培养模式构建的问题与侧重点

每个专业的建设发展都有两个方面的问题：一是专业人才培养所服务行业企业、岗位特点和属性；二是专业建设的自身基础。其构建中的问题除了专业基础外，更重要的是服务的行业属性和岗位的特殊性产生的一些"限制"和"天生的缺陷"。

一、市场营销专业人才培养模式构建面临的主要问题

市场营销专业人才培养模式构建的主要问题来自两个方面：一方面是人才培养模式构建本身；另一方面是人才培养模式的支持系统。

人才培养模式是在长期实践中从多样的现实存在物中概括出来，经受各种检验并最终"定格"的服务人才培养的一种体系和方式的综合，因此，其构建过程是建立在对目前高职教育教学理解的基础之上，同时，也受到本专业建设者的经

验和水平的影响，人才培养模式构建是否适用、科学，需要经过各种评价和检验。我校市场营销专业人才培养模式的构建从1999年开始至今，经过专业建设不断地总结，建立了目前的人才培养模式。虽然，从目前看有一定的实践意义，但是，也需要通过实践的检验，并不断地进行修正和完善。

市场营销专业人才培养模式的支持系统，主要存在以下三个方面的问题：

1. 校企合作中，营销专业技能的全面训练难以实现

市场营销高职专业人才培养模式的目标是为行业企业培养高素质技能型人才，为了实现人才培养目标，校企合作是非常关键的要素和基础。但是，在与企业合作的实践教学与顶岗实习中，更多地是训练学生基本的促销技巧和为客户服务的能力，对营销中的策划能力、渠道管理能力等，由于学生处于职业岗位的低端层次而无法得到实践的训练，这些对学生未来职业发展势必会成为"瓶颈"。

众所周知，各行各业都存在着销售岗位，而在实践中更多的是与商业零售岗位行业、咨询服务行业、房地产行业等将成为企业进行合作，很难涉及更多的销售领域。因此，在市场营销人才培养模式的设计和实施过程中与企业的合作，如何提高综合性营销人才培养目标重要的一环，是校企合作中的一个障碍。

2. 人才培养过程的有效管理

通常高职的岗位能力培养方式一般分为两种：校内模拟实训、考核与管理是学生在掌握基础知识和岗位基本能力后，通过考核合格后进入具体岗位实训，但是，如何进行考核且根据不同程度的考核结果安排技能重修等是非常难以操作的问题；对应企业顶岗实习，在企业"师傅"指导下，完成具体工作，锻炼和提升学生的岗位技能，在这个过程中，如何与校内实训进行衔接也是个问题。如何对校内模拟进行评价、管理、考核，如何与校外实训基地进行合作，对学生进行岗位安排、实现轮岗、岗位考核并保持岗位的稳定性等问题，都是随着教育教学改革后面临的新问题，使教学管理增加了很大的难度，因此，是一个需要研究的课题。

3. 校内实践教学的保障问题

校内实践教学的保障主要有两个方面，实训条件的保障和师资队伍的保障。由于企业营销的岗位多，因此，如何根据岗位能力培养进行校内实训室的规划和建设，满足实训的要求是相对比较困难的；同时，由于营销手段的更新速度快，如何在实训室建设中，紧跟时代发展，对比较前沿的仿真模拟软件及时进行实训

室的设备更新，如何保持校内实训室的规划和建设不断地符合岗位的需要是有相应困难的。

由于企业营销的方法和手段发展速度较快，在专业建设初期，该专业的教师多是学院派的教师，缺乏实践经验，对学生的指导会出现和现实脱节的问题，同时，市场营销专业对教师的观念更新、职业技能更新要求也较高，如何具备这些实践的能力对老师来说也是困难的。

二、市场营销人才培养模式建设的侧重点

针对上述市场营销专业人才培养模式建设的主要问题，应从以下几方面入手解决。

1. 如何使培养模式"固化"而不"僵化"

"固化"一种培养模式需要反复地实践，在实践过程中，该模式属于一种尝试和创新，不可能一次形成，在执行中，因为教学思想、教学条件以及教师本人等问题，会出现一定量的偏离，怎样确定"模式"的可偏离度，又保持教学一定的稳定性，实现该培养模式的有效运行是需要研究的，在构建中应有科学的方法和认真的态度，也要在实践中不断地进行调整，使人才培养模式更加趋于精确，符合人才培养的需要。

2. 积极解决支持系统的问题

支持系统主要有以下三个方面：

（1）积极促进校企合作。通过校企合作，除了解决实践教学的问题外，还可以解决"双师素质"和"双帅型"师资队伍的建设，解决教学的考核等问题，使教学过程的每个环节都在校企合作中进行，保障人才培养与企业行业需要的贴近和融合。

（2）积极规划校内实训基地建设。围绕市场营销专业岗位的能力培养，积极规划校内实训室的建设，营造良好的实训环境，增加校内实践条件的实用性。通过校内实训提高学生的职业能力和水平，以此来辅助校外实践教学不足的问题，实现人才培养的目标。

（3）研究和创建评价和管理体系。规范、科学的评价体系是保障市场营销专业人才培养效率的主要方法和路径；符合新型的人才培养模式的教育教学过程与教育教学管理体系的建立，是保障市场营销专业人才培养的质量和实效得以落实

的基础和有力支撑条件，所以，在人才培养模式的构建过程中，要建立有效的评价和管理体系，使人才培养模式的体系更加完善。

人才培养模式的形成是一个设计—实践—提升的过程，同时也是一个不断循环的过程，各行业企业也是在不断地发展，人才的需求也是在不断地变化，因此，围绕岗位能力培养需求，不断地提升人才培养模式，是专业建设的重要内容。

第三章
市场营销专业课程建设与改革实践

高职专业课程建设与改革分为两个层面：宏观层面和微观层面。宏观层面的建设主要是专业课程体系的构建，作为课程建设的顶层构建部分，支撑着专业人才的系统培养；微观层面是课程基本资源建设和教育教学的改革，是课程建设与人才培养的基础。

第一节　高职课程体系重构实践中关注的问题与对策

一、课程体系建设实践中的理念和指导思想

在专业人才课程体系的重构和建设中，主要有以下三个方面的理念和指导思想：

1. 以就业为导向

教职成〔2011〕12 号文件中指出，高等职业教育必须坚持以服务为宗旨，以就业为导向，以提高质量为核心，以增强特色为重点建设高等职业教育体系。高职市场营销专业的人才培养要为区域经济服务，教学内容和课程体系的设置要和地方经济相结合，使学生掌握营销岗位群所需的技能，使人才培养符合地区岗位需求，实现人才培养的就业导向。

根据企业员工问卷的调研、对调研企业领导的访谈，并结合近三年来本专业学生的就业情况分析以及以往示范校和示范专业建设的调研，最终确定专业培养所服务的岗位和岗位群，按照确定的岗位和岗位群，寻找典型企业中的典型岗

位，形成了企业对毕业生能力、知识、素质要求的分解（如图 3-1 所示）。根据三者的需要构建专业课程体系、素质教育体系和实践教学体系（具体内容见第一章第四节的第一部分）。

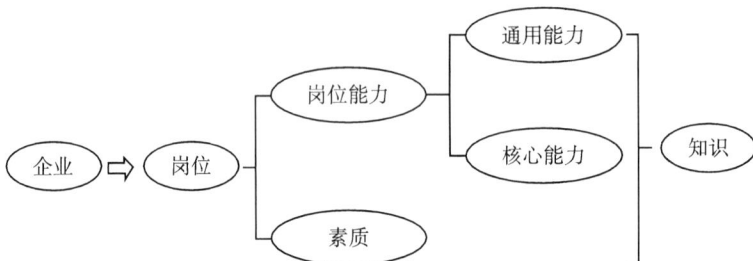

图 3-1　人才培养方案形成的工作流程

2. 以人才培养目标为起点

教职成 〔2011〕12 号文件中指出，高职教育具有高等教育和职业教育的双重属性，以培养生产、建设、服务、管理第一线的高素质技能型人才为主要任务。培养这类人才，建设适合市场营销专业、行业需要和地方经济实际的课程体系是十分重要的。市场营销人才培养目标既是高职市场营销专业的教育目的，也是高职市场营销专业课程体系建设的起点。高职市场营销专业必须以市场需求为导向，根据国家相关政策、企业营销人才需求，明确高职市场营销专业所对应的职业岗位群，通过职业岗位群的能力分析，确定典型工作任务，实现准确定位人才培养目标，并以人才培养目标为起点，设置市场营销专业的课程体系。

3. 以职业岗位群的能力需求为主线

课程体系的构建有助于培养学生的职业能力，是专业设定的人才培养目标的具体体现。

在示范专业建设期间，大连职业技术学院市场营销专业根据大连市各行业的发展以及行业对岗位的需求确定了策划与推广、销售与支持以及客服与管理三个岗位为主的岗位群。如图 3-2 所示。

在新一轮的人才培养目标定位中，通过智联招聘网站对辽宁省内营销人才的需求、校企合作单位的需求、2012 年到校招聘企业的需求以及以往毕业生从事的工作岗位进行分析，确定了对应岗位群所需的专业能力，见第一章的表 1-23。

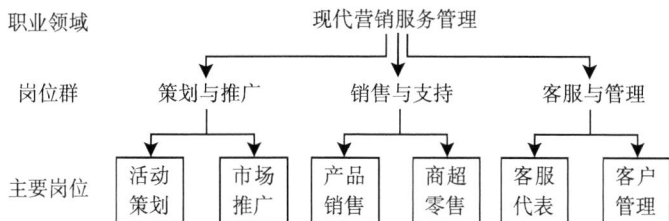

图 3-2　市场营销专业就业岗位群

在后续进行的课程体系改革时，不仅分析了学生刚毕业时职业岗位群的能力现实需要，也分析了学生未来可发展的职业岗位的能力需求。进一步分析其所需的知识、能力和素质，以此为依据设置课程体系，使学生获得可持续发展的知识、技能、素质，真正满足职业岗位的需求。

二、课程体系构建中的主要问题

综合近五年来专业建设中课程体系重构的经验和探索，存在的问题主要包括理念和操作层面的三个大方面的问题。

1. 如何确定课程体系的建设依据与路径

原有课程体系构建的基础是专业的学科体系建设，学科体系注重的是知识与理论层面，忽略应用与实践层面，因此，课程体系的建设主要是达到学科体系的完整；随着高职教育教学的改革，高职教育的目标是以就业为导向，人才培养目标主要是为企业培养高素质技能型人才，因此，课程体系的构建依据专业服务的岗位需要，并服务于专业能力的培养。

通过示范校的建设，课程体系的构建依据产生了很大的变化。由于指导思想的巨大转变，课程体系重构中产生了百花齐放的研究局面和各种实践探索，且高职建设者的参与度、参与水平有着较大不同，比照的对象也不同，每个学校、专业都有着各自建设的方式和路径，如何确定课程体系重构的起点，规范建设路径，是保障课程体系具有一定的科学和规范的重要内容，也给课程体系重构提供了方向和有效的途径。

2. 如何贯彻和实现高职专业人才培养的"双重"目标

通过多年的建设和发展，高职专业的人才培养方案的制定基本上完成了从"学科式"到"能力本位"的课程体系的转变，能力本位的理念基本已经形成。

但是，高职教育具有"学历教育"和"技能培养"的双重属性，因此，如何在课程体系重构中，既体现职业岗位能力培养要求，符合岗位标准的特点，实现学生的就业目标，同时也体现学历教育的特点，进行基本和职业素质的培养，使学生具有持续发展能力，实现教育的目标，达到实践教学体系与整体人才培养体系有效、合理的融合，实现高职人才培养的"双重"目标，使两者在人才培养体系中有机融合，这依然是一个需要研究的课题。

3. 如何界定高职教育的实践教学体系，使其具有可操性

在课程体系的重构中，实践教学体系是其建设的核心，也是课程体系重构中的"新生事物"和高职教育的特色所在，同时，每个专业都具有本专业特色，如何围绕能力培养、确定本专业的实践教学体系、使其更具备可操作性是一个非常关键的问题，决定着本专业实践教学体系的实施效率。

三、解决问题的路径分析

针对上述问题，根据多年的实践和对其他专业教学体系重构的理论和研究，应从以下几方面对该问题进行研究和解决：

1. 建设主体、阶段层次清晰的闭环系统

德国、澳大利亚等国家的职业教育由于在发展与教育方面的特色，受到国内高职教育的极大推崇，得到高职教育的学者广泛研究和推广，究其根本原因是政府以及教育主管部门起到主导作用。比如，澳大利亚的职业教育中，教育主管部门就某个专业制定职业教育培训包，成为专业教育的基础和标准。

而在我国，高职院校的教育需要依赖各自的力量进行专业标准的制定，课程体系的构建也不例外。为了更好地实现高职教育教学目标，使课程体系能体现高职教育特色，也能保持一定的科学性和标准化，应建立科学有效的合理途径，使课程的重构沿着规范方向进行，实现高职教育教学的目的，既突出高职能力培养的特点，也实现高职学历教育的目标。

根据我国高职教育的实际和各类院校的实践，借鉴先进的经验，高职课程体系重构的路径可总结为如图3-3所示的形式。

在专业课程体系的重构中，有以下几方面的工作：

（1）课程体系重构主体。课程体系重构的主体包括专业教师、行业企业专家以及专业指导委员会。专业教师不仅包括本学院的教师，也包括其他院校同类专

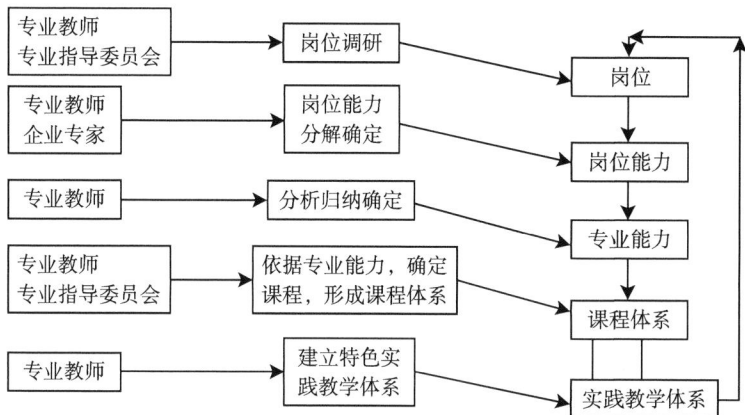

图 3-3　高职课程体系重构的路径

业的同行。三者都应参与到课程体系重构的全过程，以保障课程体系建设的科学性。但是在每一个环节中，由于主要任务和工作目标是不相同的，因此，主要参与工作的人员是不同的。

（2）阶段层次清晰的课程体系重构任务和主要工作过程。通过调研形成岗位定位，以岗位需要知识能力分解形成岗位能力，将岗位能力根据教学规律转化成专业能力，围绕专业能力培养确定课程以及课程体系，并形成结合专业培养特色的实践教育体系。

1）确定专业服务的岗位。在这个过程中，主要任务是根据学生的就业岗位、同类专业的定位以及专业原有定位等，运用问卷调查来了解岗位需求。问卷设计的科学与否是调查的前提。确定本专业的岗位定位的主要方法是依赖专业教师进行前期调研，由专业指导委员会进行研讨确定专业服务的岗位。

2）确定岗位需要的能力。这个过程主要的任务是，向企业进行调查，了解和掌握岗位需要的能力等方面的内容。运用的主要方法是问卷调查以及德尔菲法，其中德尔菲法是专家进行研讨时，使岗位能力分解更加科学全面。企业专家能从实践的角度提出每个岗位的能力需求，专业教师需要根据企业需要，进行分析、确定岗位能力需求。

3）专业能力确定。在这个阶段中，主要任务是根据岗位的能力分解和教学的规律和特点，将每个岗位进行综合分析，转化为专业能力，并需要在实践过程中进行再次分析，得到一个更趋于合理的专业能力。运用的主要方式是头脑风暴法和德尔菲法，其中，头脑风暴法主要是通过自由的研讨获得更多的意见和方法。教师作为教学主体，最具有专业建设的经验，因此，教师的主导性作用最明显。

4）课程体系构建。这个阶段的主要工作任务是根据专业能力培养的需求，将原有课程体系中的课程进行重新分解、重组，根据学生学习特点以及能力培养的需求进行排序，形成新的课程体系。运用的主要方法是头脑风暴法和德尔菲法等。教师与专业指导委员会是这个过程的主要力量。

5）实践教学体系构建。在课程体系的构建中，能力培养、专业知识、素质等也是课程体系构建的主要内容，其中，能力培养是课程体系重构的一个重要转变，是最能体现高职教育特色的方面，也是保障高职人才培养目标得以实现的最主要的手段和途径。运用的主要方法是头脑风暴法、德尔菲法以及文献研究等方法。由于教师最了解学生的特点，也更掌握教育的规律，同时，也是高职教育的践行者，因此，是这个过程的主导者，其研究和创新能力决定了专业建设的水平和特色的形成。

（3）建立课程体系的闭环系统与动态管理。重构后的课程体系是否科学有效，需要进行反复的实践。现代高职教育的目标是服务于经济社会发展的需要，经济社会的发展始终处于变化中，因此，重构的课程体系建设是一个闭环系统，需要经过实践的检验后进行修订，并反复进行循环管理，使重构的课程体系保持一定的适应性。

2. 构建"课证融合、三阶段、递进式"课程体系

（1）构建"课证融合、三阶段、递进式"课程体系。课程体系的建设是在对市场营销专业所对应的三个产业集群中的企业岗位需求分析的基础上，提炼出本专业的岗位群所对应的典型工作任务、主要岗位职责和能力需求，分析出岗位能力以及岗位所对应的专业能力，以职业标准引导培养方案，工作过程引导课程体系，典型工作任务引导教学内容；与行业企业合作进行课程体系构建、课程标准制定、教材编写、教学实施和质量评价；根据市场营销专业领域和职业岗位的任职要求，参照助理营销师（三级）资格标准，实现课证融合；按照学生认识水平与成长规律以基本知识培养、专业能力训练以及顶岗实习为递进式的课程体系，实现课程体系与教学改革和人才培养模式的高度匹配，构建基于专业能力与学生可持续发展的"课证融合、三阶段、递进式"的课程体系，实现教学内容与职业

标准相一致，在加强职业技能培养的同时，注重职业素养的养成，最终形成有特色的市场营销专业课程体系，如图 3-4 所示。

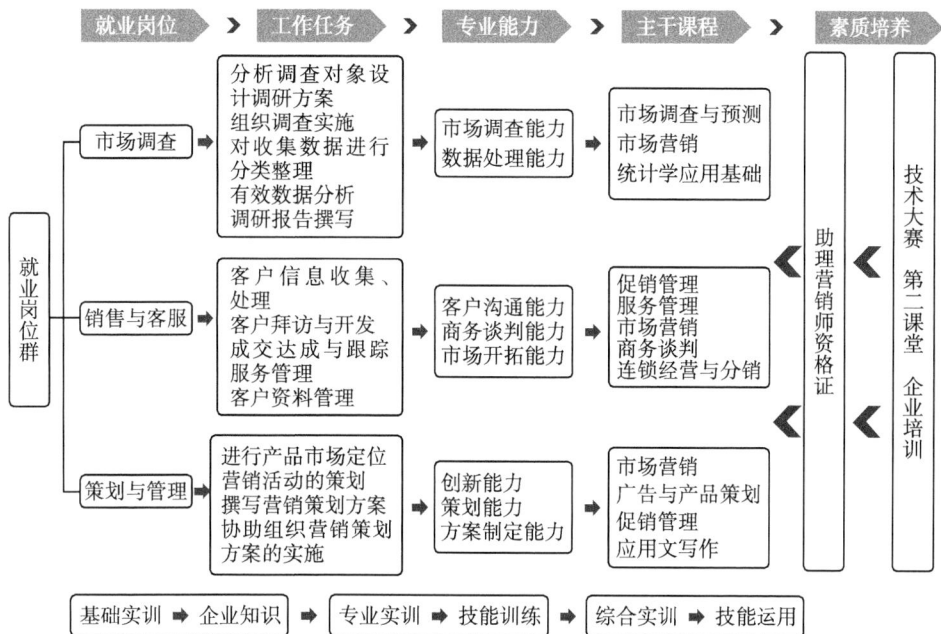

图 3-4　市场营销专业"课证融合、三阶段、递进式"课程体系

（2）建立课程体系构建的动态管理。由于市场营销专业服务的产业集群所对应的企业岗位职能，特别是现代企业对营销理念要求也在不断升级，因此，建立了动态建设课程体系的思想和理念，不断完善课程体系。比如，随着服务营销的萌芽、发展，专业及时捕捉了市场需求，先开设了"服务营销项目"，针对不同企业需求，由企业专家以及学校教师共同在第二、第三、第四学期进行项目教学，分成生产企业、零售业、食品业等类型服务营销的理念和做法对学生进行项目教学；随着服务营销的日益成熟，专业开设了服务营销课程，由学校、企业共同开发课程内容并在第四学期进行教学。因此，应形成与行业、企业和同行定期交流的学习机制，不断探讨市场的新变化趋势，以更好地对市场营销的课程体系进行不断的更新与完善。

（3）注重学生职业素质养成。为了更好地实现人才培养目标，构建专业培养的素质体系，以大赛、第二课堂为载体，纳入人才培养的课程体系（详细内容见第五章）。

第二节　市场营销专业课程建设与改革

为了更好地实现人才培养目标，积极进行课程建设与改革，保障专业人才的培养质量。在专业建设过程中，注重课程改革的设计与实施，具体内容见本章第三节的课程建设与改革的案例，包括《营销心理学》等五门课程改革的具体内容分享。

一、积极推进课程建设与改革

1. 开发围绕岗位能力的课程，实现与岗位对接

在课程的开发过程中，始终围绕岗位能力的培养，以职业活动，即岗位应具备的能力、知识、素质为课程设计的起点，结合企业的工作流程、学生的职业成长以及认知规律，以具体任务为载体进行课程开发和实施，为学生能力的提高带来了新的突破。

在课程的开发和设计中，遵循的思路如图 3-5 所示。

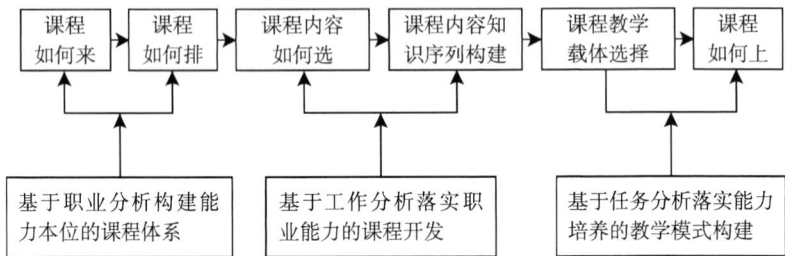

图 3-5　课程和设计思路

在工作过程导向的课程教学建设和开发过程中，依照职业成长和认知规律，以工作过程结构不变、学习难度逐步递增、教师讲授的内容逐步递减、学生自主能力逐步增强的原则，结合企业的工作流程，以具体的工作任务或项目活动为载体进行学习情境的设计。每个学习情境的具体任务，以实际工作任务为引领，将相关知识和技能要求，分解到每个学习情境中。由于学习难度的增加是递进的过

程，所以在学习情境的设计上，不同阶段的课程可以采取不同类别的载体进行。

对所有课程以不断的企业调研、研讨与岗位分析为基础，以岗位能力培养为原则，选择教学内容，设计教学方法，实现课程的教学目标。

2. 以"课程培养目标"为核心，围绕"六个"要素全面开发课程（具体案例内容见第三节第一部分）

高职教育的一个宗旨就是提高学生的专业能力、方法能力和社会能力，课程建设也以此为目标进行全面开发，提高"教"与"学"效率，使人才培养方案落在实处。

课程建设中的"一个目标"就是课程的能力目标，其必须符合专业岗位能力培养的目标以及行业发展对能力的需求目标；围绕课程目标的六个要素建设就是课程内容、教学方法和手段、教师队伍建设、实训条件建设、教学资源以及考评方式，从而实现课程的能力目标。课程建设的主要内容包括七个方面，如图 3-6 所示。

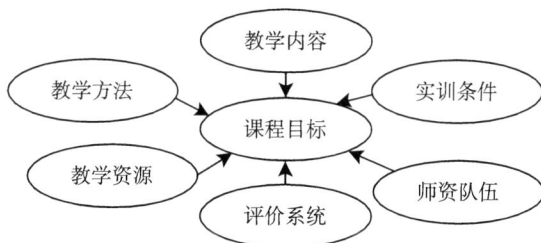

图 3-6　课程建设的主要内容

（1）课程目标。课程目标的确定是以专业能力目标的培养为主导，并服务与专业能力的培养，为适应岗位的需要奠定基础。

（2）教学内容。选择符合行业、职业与学生发展需要知识作为教学内容。

（3）教学方法。积极探讨"任务驱动"、"理实一体"的教学方法；充分实现"做中学，学中做"的教学模式，使每位同学都能体验各岗位的职责、完成岗位任务及学习性任务。

（4）教学资源。不断地进行课件建设、教材、素材库以及试题库的建设，保障课程目标的实现。

（5）师资队伍。"专兼结合"的双师结构和双师素质的教师队伍建设；每一门专业核心课程都与一个同类行业紧密地合作，并将行业中既有职业经验，又热衷教育的人作为教学团队的成员，共同进行课程的建设。同时教师也有计划地进行岗位的挂职锻炼，提高职教能力。

（6）实训条件。校内外实习基地以及理实一体的教室建设以此保证教学的顺利进行。

（7）评价系统。注重课程的过程考核、校企共同考核以及课堂考核建设，注重对职业素质的考评。

课程建设以教学目标定位为核心，对教学内容组织、教学方法、教学资源、教学队伍组建、实训建设进行优化整合，并对整个教学过程进行效果评估，全面提升教与学的质量。

3. 对接职业岗位标准，开发优质核心课程

以学校为主体、企业参与、由专任教师和企业专业人员共同组成专业课程开发团队进行职业岗位能力调研分析，根据市场营销专业领域和职业岗位的任职要求，参照助理营销师（三级）资格标准，校企合作共同制定课程标准，编制课程整体设计方案及任务单元，将职业岗位要求的基本知识与技能以及行业科技发展前沿的新知识、新技术整合，使课程内容与企业的岗位技能和职业标准对接。

（1）针对职业岗位选取课程内容。依据企业营销岗位职业能力的调查、分析和国家助理营销师（三级）职业资格等级证书制度，从培养学生的职业道德、职业能力和可持续发展能力出发，把岗位职业技能标准作为教学核心内容，是核心课程建设的主要依据，详见第一章的表1-3。

（2）针对学生特点，以保证学生可持续发展来开发课程内容。针对高职学生多数具有较强的形象思维智能，能较快地获取经验性和策略性的知识，懂得"如何做"和"如何做得更好"的特点，在教学过程中，针对学生现有认知水平确定课程内容。同时课程内容的开发还充分考虑到为学生今天学习、明天就业、岗位的迁移、将来可持续发展的内在需要考虑，注重培养学生的分析处理问题的能力、创业创新能力，注重职业道德、职业素质的养成，为学生可持续发展奠定良好的基础。例如，营销是一种与人"打交道"的工作，为了更好地使学生掌握这方面的技巧，在礼仪课程的授课中，既考虑行为方式的规范养成，也借助"仁义礼智信"等传统的文化和观点对学生进行教育与传授，有助于其心理和行为的养成。

（3）针对行业发展不断完善课程内容。随着社会和经济的发展，市场营销专

业所服务的相关行业不断发生变化，新的业务、新的项目不断出现和更迭。通过对行业的调研，听取行业专家的意见和建议，动态地更新课程内容以符合行业发展对人才的需要。例如，随着社会经济的转型，网络营销已成为市场营销发展的新趋势之一，线上与线下相结合的销售模式已成为未来发展的方向。为了保证学生在现有线下销售岗位的未来可持续发展的基础上，增设了网络营销课程，从最初的简单网络营销的理论学习，逐步发展到设置网络营销的实训环节，引入淘宝店开设、网络服务与营销技巧等内容，在引入量化的系统工具对网上营销效果进行评价分析内容，锻炼学生的实践能力，使学生认识到网络营销真正魅力的同时，也明确如何处理网络交易中存在的风险，对网络课程学习的实践性与适用性更高。已有专业学生自己开设淘宝店的成功案例，月收入可达到三万元左右。

4. 重点进行优质核心课程建设，带动其他课程的改革

在课程建设中，首先关注优质核心课程的建设，以带动课程的改革全面进行。

在示范校建设过程中，建立了基于职业活动导向的高职市场营销人才培养方案；重点建设了 4 门优质核心课程和 4 门骨干课程，其中，将 2 门课程市场调研与预测、市场营销进行了网络课件和资源建设；所有 24 门专业课程进行教学情境和项目的开发，开发了以 3 个核心能力培养为目标的实训项目近 30 余项；新增了省级精品课程 1 门，院级精品课程 2 门；2012 年在学校启动的质量提升工程中，再次完善专业人才培养方案和课程体系建设，进行 4 门课程资源建设，市场营销课程进行数字资源建设，进行了创新项目"陌拜"能力培养和实施方案设计。

在课程建设中，注重以下几个方面的内容：

（1）校企合作共同开发。课程的开发紧紧围绕岗位能力的培养展开，与服务的岗位能力要求为主线，进行企业调研、与企业专家进行研讨等方式进行课程的建设。

（2）课程内容重新整合。既考虑课程内涵之间的关系，也考虑学生的认知规律，逐步地提升强化，进行课程的整体设计。

（3）教学实施。积极围绕课程的目标展开教学，探讨任务驱动、理实一体的教育教学方法；充分实现"做中学"，"学中做"的教学模式。既积极与企业合作，开展实践教学，也注重校内实践教学的改革，充分地利用校内外实习基地以及理实一体的教室保证教学的顺利进行。

5. 教材建设

结合工学结合优质课程建设，进一步整合教学资源和加快教材建设。特色教材建设以课程开发小组为主体，以项目建设的形式开展编写工作。充分发挥企业专家和能工巧匠的作用，将企业培训理念、企业文化、职业工作情境及新技术、新工艺等应用技术直接融入教材。同时，在教材中渗透行业技术标准和职业标准等内容。

编写了《市场营销》(2015 年 3 月出版)、《连锁促销》、《企业管理》、《消费心理学》(2013 年 8 月出版)、《市场调研与预测》、《连锁经营与分销》、《统计分析》等校本教材，融入真实企业案例，创新教材体例，符合高职学生阅读与专业学习习惯。以《连锁促销》教材为例，本书根据高职教育学生的学习特点，以不同类型的连锁企业（服务业、零售业、餐饮业）为载体，基于各类连锁企业实施不同促销活动的工作过程而编写，编写体例为学习目标（知识与能力）、引例、主体内容、结尾（包括职业指南、本章小结、主要概念、基础训练、实践训练、综合实训），其中职业指南指出本课程在实际工作岗位上的应用，具有创新性，本教材为高职高专创新人才培养规划教材。

二、打造"五融合"新教学模式

以学校为基础保障，以企业为平台，以行业专家为辅助，共同打造"五融合"新教学模式。

1. 教学内容与岗位专业知识和能力的需求相融合

（1）依据企业对市场调研、销售、客户管理等岗位要求，使核心课程的设计与各岗位专业能力的需求相对应。

（2）将不同岗位的基本能力、核心能力、拓展能力与相关课程的基础内容、核心内容、拓展内容相匹配，完成教学内容与岗位专业能力的需求相融合。例如，依据实际销售岗位的要求，调整营销心理学、市场调研与预测、促销管理等核心课程的内容，使这些核心课程的内容同岗位核心能力的具体要求相适应，同销售顾问等岗位专业技能的要求有机融合起来；为了岗位迁移的需要，在市场营销课调研、销售的基础上又安排了营销策划的内容。

2. 项目教学与企业实际营销工作相融合

（1）根据企业的实际营销工作任务设计实践教学项目，把企业的实际营销工作引入课堂。

（2）让企业在岗专家实施项目教学，把业务指导与专业教学相融合。

（3）变原有的"仿真型"教学、"模拟型"教学为"实战型"教学，比如，策划课程的教学项目之一就是为企业产品策划营销方案，如对大连商场品牌的矿泉水策划后进行实习销售，将实际营销工作的完成度直接作为学生成绩评价的考评标准之一。从实施效果来看，学生的业务操作能力明显提高，2012年毕业进入沃尔玛（大连）商业零售有限公司的26名推销员没有经过任何的岗前培训直接成为销售的"熟手"。

3. 课程考核与职业技能鉴定证书的考试相融合

（1）在专业人才培养方案中规定了学生在毕业时应取得的职业资格证书的要求。

（2）在课程考核内容上，将理论和实训考核内容与职业资格证书培训内容相融合。

（3）在考核形式上借鉴职业技能鉴定证书的考核方式，设计了理论考核与案例分析相结合的考核形式。

通过这样的融合，极大地提高了市场营销学生职业资格证书获取率，近三年，市场营销专业学生职业资格考试的一次通过率均保持在85%以上，证书获取率为98%。

4. 专业文化和企业文化相融合

以企业文化的需求建设专业文化。

（1）专业教师参与企业各种销售、调研以及策划活动，以"企业人"的理念和方法进行教学。

（2）课堂内以员工守则对学生进行要求，强化与企业文化有关的教学内容，帮助学生更好地认识企业相关的文化理念。

（3）在专业内推广相关合作企业的文化理念和营销模式。在专业教学体系中设计相关的拓展课程，主要以讲座、第二课堂的方式进行开展，由企业或者行业专家进行主讲。

（4）在第二课堂中强化"职业"的特点，突出职业氛围，通过举办各种"企业文化"杯知识问答比赛等方式，将企业的文化与学生的业余生活相融合，更好地实现专业文化与企业文化的融合。

5.顶岗实训、实习与就业相融合

（1）学生经过第三至第五学期2~4周的市场调研、销售、客户服务等专项技能顶岗实训，将知识、技能、能力与企业实际岗位、实际工作很好的融合，对未来的职业选择也有了基本认知。

（2）在第六学期让学生完全进入企业，以企业试用期员工的身份进行顶岗实习。实习过程中，经过双向选择，实现顶岗实习到就业的过渡与转变，缩短了学生择业、就业的路径。

2009年至今，每年顶岗实习后顺利进入顶岗企业工作的学生占市场营销专业毕业生总数的50%以上。

第三节　市场营销专业课程设计与实施案例

一、《市场调查与预测》课程基本资源

1.课程介绍

（1）课程名称。市场调查与预测。

（2）适用专业。适用专业为市场营销、房地产营销、物流管理。

（3）授课对象。3年制高中生（高中起点）。

（4）课时、学分。48课时、3学分。

（5）先修课程。先修统计学、市场营销。

（6）课程特点。《市场调查与预测》包含了市场调查、市场预测两部分内容，是"营销类"专业的一门实践性较强的专业核心课程。为"营销类"专业学生提供了市场调查的基本方法与技术、市场预测的基本原理和基本方法。为后续专业课的学习及工作奠定了良好的基础。

（7）教学目标与教学内容。本课程主要讲授市场调查和市场预测两部分内容。通过调查项目的开展，使学生具有设计和组织市场调查的能力，会用合适的工具进行数据分析，能够进行简单的市场预测，具有撰写市场调查报告的能力。

（8）教学方法及组织形式。教学方法：讲授法；讨论法；练习法；任务驱动

法；自主学习法。组织形式：班级授课制结合分组教学制。

（9）教学资源。教学资源有计算机（联网、配备 office）、多媒体。

（10）参考资料。参考资料分为以下两部分：

1）网络教学资源：①http：//www.emarketing.net.cn。②中国文化营销网。③http：//www.emarketing.net.cn。④http：//www.3see.com.cn。⑤AC 尼尔森市场研究公司。⑥零点市场调查公司。⑦华南国际市场研究公司。⑧山东大学威海营销管理研究中心。⑨中国营销传播网。

2）教材。教材参考了以下几本资料：①由东北财经大学出版社 2008 年出版、作者为郑陪玲和徐盈群的《市场调查与分析实训》一书。②由中国人民大学出版社 2006 年出版，作者为柴庆春的《市场调查与预测》（第一版）一书。③由中山大学出版社 2008 年出版，作者为酒井隆的《图解市场调查指南》（第一版）一书。

2.《市场营销》课程教学大纲

（1）基本信息制定修订日期为：2013 年 5 月 1 日，如表 3-1 所示。

表 3-1　《市场营销》课程教学大纲基本信息

授课方式	课堂教学	开课单位	经济管理学院
课程性质	专业核心课	课时	48
适用专业	市场营销	学分	3
先修课程	统计学；市场营销		
编制人	郭美娜	审核人	

（2）教学目标。《市场调查与预测》是市场营销专业的一门专业核心课程之一，主要讲授市场调查与预测的基本理论、基本知识和基本技能。

通过本课程的学习与基本训练，应使学生达到以下要求：

1）掌握市场调查与预测的基本理论与方法。

2）能够运用所学知识对相关市场调查项目制定合理的调查方案。

3）能够组织完成一个调查项目：选择调查方法、组织实施、整理资料、分析资料、简单预测、撰写调查报告。

4）能够完成项目作业、具有掌握项目进程的能力和小组作业增强团队协作的能力。

5）具有能够完成课外阅读、资料查找和分析任务提高自我学习的能力。

6）养成认真负责的工作态度、能够根据实际情况做出判断与决策的能力、具有良好的沟通和交流能力、组织与策划能力。

（3）课题与课时分配。课题与课时分配如表3-2所示。

表3-2 《市场调查与预测》课题与课时分配

序号	课题名称	总课时	课时分配		
			理论	实践	其他
1	市场调查准备	5	3	2	
2	调查方法的选择	7	4	3	
3	市场调查方案的制定	3	1	2	
4	问卷设计	6	3	3	
5	调查过程管理	6	3	3	
6	调查资料的整理与分析	6	3	3	
7	市场预测	12	7	5	
8	机动	3	3		
合计		48	27	21	

（4）教学内容。教学内容以课题下设任务的方法进行教学。

▲ 课题一　市场调查的准备

● 任务一　市场调查的引入：什么是市场；为什么进行市场调查；市场调查的定义；市场调查的发展历史；市场调查的原则及特点；市场调查的类型；市场调查的内容。

作业：案例分析——娱乐行业开业的准备。

● 任务二　市场调查的步骤。

练习题：A集团决定在夏家河子地区成立快递公司服务点，为周边企事业单位和家庭提供物流服务，在进行该项目的投资可行性分析中，首先要进行市场调查，请问：A公司市场调查要解决的问题是什么？同时请对调查问题进行细化？

▲ 课题二　调查方法的选择

● 任务一　文案（二手资料）调查法：文案调查法的含义及要求；文案调查法的资料来源；工作步骤；优缺点。

作业：运用文案调查法分析当年市场营销专业学生的就业前景，并提出合理的建议。

● 任务二　观察调查法：观察法的定义；观察法的内容；观察法的操作；

优缺点。

● 任务三　实验调查法：实验调查法的定义；实验调查法的一般程序；实验调查法的操作；优缺点；应用。

作业：某快递公司想提高快递价格，不知道能否被消费者所接受，请结合实际的可操作性进行实验法测试设计，同时模拟给出实验结果及建议。

要求：对试验过程进行设计；模拟试验数据；计算试验结果。

● 任务四　访问调查法：面谈——街头拦截法；入户访谈；小组座谈法；电话访问；邮寄访问。

● 任务五　网络调查法：网络调查法的定义；网络调查的常用方法；网络市场调查的步骤；注意事项。

作业：请在网络上对学过的每一种调查方法查找一个对应的案例，并在下节课抽取同学进行分享。

▲ 课题三　市场调查方案的制定

选择市场调查方案；市场调查总体方案设计。

练习题：给定调查背景"大学生早餐需求情况调查"，分小组完成市场调查方案框架的设计。

作业：课后完善课上设计的市场调查方案并提交。

▲ 课题四　问卷设计

● 任务一　问卷设计：问卷；问卷设计；问卷设计的原则（目的性、可接受性、顺序性、简明性、匹配性、中立性）；问卷形式设计；问句设计。

作业：根据制定的"大学生早餐需求情况调查"市场调查方案，完成问卷设计工作。

● 任务二　问句设计及修改：问句设计要点；问卷设计修改。

作业：两组之间互换"大学生早餐需求情况调查"问卷，根据课上所讲内容，对问卷提出修改意见，并互换进行修改，下次课上提交。

▲ 课题五　调查过程管理

● 任务一　制定抽样调查方案。

抽样调查的基本思想：抽样调查；抽样调查的程序。

随机抽样：简单随机抽样；等距抽样；分层随机抽样；整群抽样；多阶段抽样。

非随机抽样：任意抽样；判断抽样；配额抽样；滚雪球抽样。

抽样方案设计时需注意的问题。

作业一：相互控制配额抽样。

拟调查大连职业技术学院学生通信消费情况，现采用相互控制配额法从 2000 名学生中抽取 200 名进行调查，请根据下列问题进行作答：①给出三个分类标准。②给出每类标准中各人数比例。③给出抽样结果。

作业二：抽样误差的计算。

● 任务二　市场调查的实施。组织市场调查队伍；培训市场调查队伍；监督管理调查实施。

作业一：各小组成员自查调查员培训中仍欠缺的地方，并有针对性地自我提高。

作业二：市场调查的正式实施。

▲ 课题六　调查资料的整理与分析

● 任务一　调查资料的整理：调查资料整理的含义；调查资料整理的步骤（验收；编辑；分组与编码；转换）。

作业：对小组发放的问卷进行整理，形成转录样本数据表。

● 任务二　调查资料的分析：频数分布；表列；图形描述（常用软件操作）；简单调查报告的撰写。

作业一：对调查资料进行简单分析。

作业二：形成调查报告并提交。

▲ 课题七　市场预测

● 任务一　市场预测基础：市场预测；市场预测的特点；市场预测的原理；市场预测的种类；市场预测的内容；市场预测的程序；误差产生的原因。

● 任务二　定性预测：对比分析类推法；指标法；集合意见法；德尔菲法。

● 任务三　定量预测。

时间序列预测法：移动平均；指数平滑；季节指数法。

回归分析预测法：一元线性回归。

作业：一元线性回归法的计算。

▲ 课题八　机动

一般情况下安排总复习或市场调查项目的口头报告。

3. 教学日历

教学日历如表3-3所示。

表 3-3　教学日历

课程名称	市场调查与预测		学期课时	48	理论课时	27	教学周数	16
					实践课时	21	周课时	3
授课教师	郭美娜	所在部门	经济管理学院	联系电话		86402311		
授课专业	市场营销			开课学期		第三学期		
教材名称	市场调查与预测（第四版）	作者	覃常员	出版社		大连理工大学出版社		
指导书	市场调查与分析实训	作者	郑聪玲	出版社		东北财经大学出版社		
周次	课次	授课内容			授课方式		授课地点	
1	1	课题一　市场调查准备 　　任务一　市场调查的引入 为什么进行市场调查；市场调查的定义；市场调查的发展历史；市场调查的原则及特点；市场调查的类型；市场调查的内容			课堂/实践教学		多媒体教室	
2	2	课题一　市场调查准备 　　任务二　市场调查的步骤 课题二　调查方法的选择（1） 　　任务一　文案（二手资料）调查法			课堂/实践教学		多媒体教室	
3	3	课题二　调查方法的选择（2） 　　任务二　观察法 　　任务三　实验法			课堂/实践教学		多媒体教室	
4	4	课题二　调查方法的选择（3） 　　任务四　访问法 　　任务五　网络调查法			课堂/实践教学		多媒体教室	
5	5	课题三　市场调查方案的制定 选择市场调查方案；市场调查总体方案设计			课堂/实践教学		多媒体教室	
6	6	课题四　问卷设计（1） 　　任务一　问卷设计 问卷；问卷设计；问卷设计的原则；问卷形式设计；问句设计			课堂/实践教学		多媒体教室	
7	7	课题四　问卷设计（2） 　　任务二　问句设计及修改 问句设计要点；问卷设计及修改			课堂/实践教学		多媒体教室	
8	8	课题五　调查过程管理（1） 　　任务一　制定抽样调查方案 抽样调查的基本思想；随机抽样；非随机抽样；抽样方案设计时需注意的问题			课堂/实践教学		多媒体教室	
9	9	课题五　调查过程管理（2） 　　任务二　市场调查的实施 组织市场调查队伍；培训市场调查队伍			课堂/实践教学		多媒体教室	

续表

课程名称	市场调查与预测	学期课时	48	理论课时	27	教学周数	16
				实践课时	21	周课时	3

10	10	课题六　调查资料的整理与分析（1） 　　任务一　调查资料的整理 调查资料整理的意义；调查资料整理的步骤	课堂/实践教学	多媒体教室
11	11	课题六　调查资料的整理与分析（2） 　　任务二　调查资料的分析 频数分布；表列；图形描述；简单调查报告的撰写	课堂/实践教学	机房（装有 office）
12	12	课题七　市场预测（1） 　　任务一　市场预测基础 市场预测；市场预测的特点；市场预测的原理；市场预测的种类；市场预测的内容；市场预测的程序；误差产生的原因	课堂/实践教学	多媒体教室
13	13	课题七　市场预测（2） 　　任务二　定性预测 对比分析类推法；指标法；集合意见法；德尔菲法	课堂/实践教学	多媒体教室
14	14	课题七　市场预测（3） 　　任务三　定量预测（1）——时间序列预测法时间序列预测概述；移动平均；指数平滑	课堂/实践教学	机房（装有 office）
15	15	任务三　定量预测（2） 季节指数法； 回归分析预测法——一元线性回归	课堂/实践教学	机房（装有 office）
16	16	机动	课堂/实践教学	多媒体教室

说明：（1）此表一式四份，任课教师自留一份，院（部）一份、教务处、督导室各一份
　　　（2）此表于开课前一周由各学院（部）统一交教务处、督导室存档

注：以一次课为单位填写，一周结束画一条线，可加页，宋体 5 号。
制订人：　　　　　　　　　　制订时间：　年　月　日
专业（教研室）负责人：　　　　院长（主任）：

4. 课程考核方案

课程名称：市场调研与预测。

适用专业：市场营销、房地产营销、物流管理。

开课学期：第三学期。

课时：48 学时。

学分：3 分。

考核类型：√考试　　　　　　□考查

（1）考核内容。使学生比较全面系统地掌握市场调研与预测的基本理论、基本方法和应用原则与技巧，认识统计方法在市场调研和预测中的意义、作用和科

学性，了解我国市场调研与预测的现状和发展，培养和提高正确运用市场调研与预测研究和分析解决实际社会经济问题的能力。

（2）成绩构成要素及评分标准。成绩构成与评分标准如下：

1）成绩构成及比例。本课程的成绩由平时成绩和期末考试两部分构成：平时成绩：20%；期末考试：80%。

2）各构成的基本要素。平时成绩由课堂表现、课堂训练和课外作业组成，此部分成绩占课程总评成绩的20%。

A. 课堂表现按时到课，遵守课堂纪律，正确回答课堂提问。占课堂总成绩的5%。

B. 课堂训练独立完成规定的课堂训练，步骤、结果均正确。占课程总评成绩的5%。

C. 课外作业能独立完成"实验法的设计、文案调查法操作、问句的修改、抽样方案的设计、定量预测的计算"等作业，并能相互配合完成一个简单市场调研项目的规划与组织工作，步骤、结果均正确。占总评成绩的10%。

3）各基本要素评分标准。各基本要素评分标准如下：

A. 课堂表现缺席一次扣1%；迟到一次扣0.5%，扣完即止。

B. 课堂训练。根据课堂训练的完成情况给予0~5%的成绩。

C. 课外作业。根据作业完成的及时性、准确性，给予成绩。

（3）过程考核。过程考核有如下几个方面：

1）考核方式（口试、笔试、实操）。平时课上进行口试考核知识的掌握程度；相互配合完成的小组作业通过实操的方式进行考核。

2）考核组织形式（一对一测试、分组测试、班级整体测验、时间、场地）。口试——一对一测试；实操方式——分组评测。

（4）期末考试（考试课填写）。本课程期末考试命题应不少于四种题型，且每个问号的分值不宜超过10分。命题范围包括如下内容：

1）市场调研的准备及市场调研方案的制定，占卷面成绩的15%。

2）市场调研方法的设计及操作，占卷面成绩的25%。

3）市场调研过程管理，占卷面成绩的20%。

4）市场调研问卷的设计、资料的整理与分析，占卷面成绩的20%。

5）市场预测部分，占卷面成绩的 20%。

方案制定人签字：

教研室主任（专业负责人）签字：

院长（主任）签字：

年　月　日

5. 重点难点指导

重点难点指导如表 3-4 所示。

表 3-4　重点难点指导

课次	一	授课课时	3	授课教师	郭美娜
课题名称	课题一　市场调查的准备 　　任务一　市场调查的引入				
重点、难点	重点：市场调查的类型；市场调查的内容 难点：市场调查的内容				
指导	• 市场调查的类型：关键词——小练习——作业强化 ——通过关键词语的提出，让学生对各种类型进行认识，然后通过一些小练习加深学生的印象，同时在课堂练习和课后作业中再一次强化学生的应用能力 • 市场调查的内容：讲解——课堂练习——课后作业强化 ——课上简单介绍市场调查的内容，然后在课堂训练中让学生通过一个小案例来总结需要调查的内容，通过实际应用来掌握教学内容，课后通过一个案例分析将此部分内容再进行深化				
课次	二	授课课时	3	授课教师	郭美娜
课题名称	课题一　市场调查的准备 　　任务二　市场调查的步骤 课题二　市场调查方法 　　任务一　文案（二手资料）调查法				
重点、难点	重点：确定调查问题及目标 　　　文案调查法资料的应用 难点：确定调查问题及目标 　　　文献调查法的应用				
指导	• 确定调查问题及目标：案例——课堂练习 ——案例讲解：通过讲授案例调查问题及目标的确定，让学生学习确定的方法 ——课堂练习：课堂练习调查问题及决策问题的区别，再通过一个案例进行讨论分析，让学生模仿确定调查问题及目标 • 文献调查法资料的来源、应用：讲授——课后作业 ——讲授结合案例介绍进行讲解，课后作业动手操作两个步骤来督促学生进行学习				

续表

课次	三	授课课时	3	授课教师	郭美娜
课题名称	课题二　市场调查方法 　　任务二　观察法 　　任务三　实验法				
重点、难点	重点：观察法的操作 　　　实验调查法的操作 难点：观察法的操作 　　　实验调查法的操作				
指导	● 观察法的操作：配合案例讲解——课堂练习 ——整个观察法的操作结合案例"寻求商场销量下降的原因"讲解步骤，让学生一边听讲一边思考观察法的操作步骤 ——通过课堂练习题，检验学生的掌握情况 ● 实验调查法的操作：讲授——课后作业 ——讲授结合案例介绍进行讲解，课后作业动手操作两个步骤来督促学生进行学习				
课次	四	授课课时	3	授课教师	郭美娜
课题名称	课题二　市场调查方法（3） 　　任务四　访问法 　　任务五　网络调查法				
重点、难点	重点：面谈调查的操作技巧 难点：面谈调查的操作技巧				
指导	● 面谈调查的操作技巧——街上拦截法：配合案例讲解——课堂练习——方法对比 ——通过结合很多学生的课外兼职——发传单，让学生掌握街上拦截法的操作要点 ——通过课堂练习题，检验学生的掌握情况 ——通过讲解及课堂练习题，让学生比较面谈的几种方法，让学生掌握各种面谈操作法的要点				
课次	五	授课课时	3	授课教师	郭美娜
课题名称	课题三　市场调查方案的制定				
重点、难点	重点：市场调查方案的制定和修改 难点：市场调查方案的制定和修改				
指导	● 市场调查方案的制定和修改：课堂练习——课后作业 ——学生对在课堂制定的市场调查方案进行互评，然后教师对学生在课上制定的市场调查方案进行点评。课后学生根据意见进行修改。				
课次	六	授课课时	3	授课教师	郭美娜
课题名称	课题四　问卷设计（1） 　　任务一　问卷设计				
重点、难点	重点：问句设计；问卷设计 难点：问句设计；问卷设计				
指导	● 问句设计：实例——课后作业 ——每种问句举出实例让学生学习 ——结合练习的题目，让学生进行课后问句的设计，并形成问卷 ● 整体问卷的设计：课堂练习——课后作业 ——课堂练习加强学生对问卷整体的认识 ——课后作业，让学生动手设计问卷，进行强化				

课次	七	授课课时	3	授课教师	郭美娜
课题名称	课题四　问卷设计（2） 　　　任务二　问句设计及修改				
重点、难点	重点：问句及问卷的修改 难点：问句及问卷的修改				
指导	● 问句及问卷的修改：实例讲解——课堂讲解——再练习 ——对学生设计的问卷进行修改，加深学生的印象 ——课堂讲解修改的注意点 ——给定学生有问题的问句进行修改，看一下学生的应用程度				
课次	八	授课课时	3	授课教师	郭美娜
课题名称	课题五　调查过程管理（1） 　　　任务一　制定抽样调查方案				
重点、难点	重点：相互控制配额抽样；抽样方案的设计 难点：相互控制配额抽样；抽样方案的设计				
指导	● 相互控制配额抽样：实例讲解——课后作业 ——给学生讲解教材实例的注意要点 ——学生对应给定的题目进行抽样设计的练习 ● 抽样方案的设计：讲练结合 ——结合每一种抽样方法，让学生根据调查题目"大学生早餐需求情况调查"进行抽样方案的设计。通过不同方案的设计，让学生掌握抽样方法的不同以及抽样方案制定的要点				
课次	九	授课课时	3	授课教师	郭美娜
课题名称	课题五　调查过程管理（2） 　　　任务二　市场调查的实施				
重点、难点	重点：调查员的培训；监督管理调查的实施 难点：调查员的培训				
指导	● 调查员的培训：实例讲解——课后作业 ——通过实例给学生讲解调查员培训过程中需要注意的问题 ——课后学生自我检查需要继续加强的地方 ● 监督管理调查的实施：自我规划练习 ——学生根据其他小组的调查方法，规划合理的监督方法，并进行讨论				
课次	十	授课课时	3	授课教师	郭美娜
课题名称	课题六　调查资料的整理与分析（1） 　　　任务一　调查资料的整理				
重点、难点	重点：调查资料整理的流程 难点：调查资料分组标志的选择				
指导	● 调查资料整理的流程：实例讲解——课后作业 ——通过实例给学生讲解调查问卷的整理流程，并强调其注意点 ——课后学生分组整理小组发放的问卷 ● 调查资料分组标志的选择：实例讲解——学生练习——课后作业 ——教师通过调查问卷整理的实例进行讲解分组标志的选择 ——让学生对同一个问题从不同的分组标志出发进行分析，让学生体会分组标志在问卷整理和分析中的作用 ——让学生在完成课后作业的过程中，注意分组标志的选择				

续表

课次	十一	授课课时	3	授课教师	郭美娜
课题名称	课题六　调查资料的整理与分析（2） 　　任务二　调查资料的分析				
重点、难点	重点：交叉列表分析技术 　　　调查报告的格式及内容要求 难点：交叉列表分析技术				
指导	• 交叉列表分析技术：实例讲解——课后作业 ——通过实例给学生讲解交叉列表分析的做法，并强调其注意点 ——课后学生分组对整理之后的问卷进行分析，考虑使用交叉列表分析技术 • 调查报告的格式及内容要求：讲解——实例展示——课后作业 ——教师结合学生最后毕业要完成的实习报告来讲解调查报告的格式及内容要求 ——给出多个以往同学完成的实习报告的样例，让学生进行学习 ——学生完成最终调查报告的撰写作业				
课次	十二	授课课时	3	授课教师	郭美娜
课题名称	课题七　市场预测（1） 　　任务一　市场预测基础				
重点、难点	重点：市场预测的基本原理 　　　市场预测误差出现的原因 难点：市场预测的基本原理				
指导	• 市场预测的基本原理：实例讲解 ——每种原理教师举一个例子进行讲解，然后让学生考虑生活中是否见过相似的案例，然后相互分享 • 市场预测误差出现的原因：案例讲解 ——教师通过多个市场预测失败的案例来引导教学内容，让学生从案例中分析出市场预测失败的原因，以加深印象				
课次	十三	授课课时	3	授课教师	郭美娜
课题名称	课题七　市场预测（2） 　　任务二　定性预测				
重点、难点	重点：集合意见法的操作 　　　德尔菲法的操作 难点：集合意见法和德尔菲法操作的差异				
指导	• 集合意见法的操作：案例讲解——课堂练习 ——教师举实际案例进行集合意见法操作步骤和计算方法的讲解 ——学生通过课堂练习来练习集合意见法的操作 • 德尔菲法的操作：案例讲解——课堂练习 ——教师举实际案例进行德尔菲法操作步骤和计算方法的讲解 ——学生通过课堂练习来练习德尔菲法的操作 • 集合意见法和德尔菲法操作的差异：通过练习对比 ——通过同一个课堂练习的题目的操作对比让学生掌握两种方法在操作上的不同				

续表

课次	十四	授课课时	3	授课教师	郭美娜
课题名称	课题七 市场预测（3） 任务三 定量预测（1）——时间序列预测法				
重点、难点	重点：指数平滑法 难点：移动平均法和指数平滑法的计算机操作				
指导	• 指数平滑法计算机操作：案例讲解——课堂练习 ——教师举例进行指数平滑法计算机操作 ——学生通过课堂练习来练习计算机操作				
课次	十五	授课课时	3	授课教师	郭美娜
课题名称	课题七 市场预测（3） 任务三 定量预测（2）——季节指数预测法 回归分析预测法——一元线性回归				
重点、难点	重点：季节指数预测法 难点：季节指数预测法和一元线性回归法的计算				
指导	• 季节指数预测法：案例讲解——课堂练习 ——教师举例进行线性回归法的手工计算和计算机操作 ——学生通过课堂练习来练习其操作 • 一元线性回归法的计算：案例讲解——课堂练习——课后作业 ——教师举例进行一元线性回归法的手工计算和计算机操作 ——学生通过课堂练习来练习其操作，并通过课后作业进行巩固				
课次	十六	授课课时	3	授课教师	郭美娜
课题名称	课题八 机动				
重点、难点	重点：市场调查题目的口头报告 难点：课程总复习				
指导	• 市场调查题目的口头报告：学生展示——教师点评 ——各组展示完成的市场调查题目的口头报告 ——教师根据汇报的情况进行点评 • 课程总复习：教师总结				

二、《营销心理学》课程改革的设计与实施

大连职业技术学院的市场营销专业成立于1997年，从专业建设起就开设了营销心理学的课程，虽然课程的名称几经改动——消费心理学、消费者行为分析和目前的营销心理学，但课程内容基本上保持稳定，即如何认识消费者的消费心理和消费行为，为营销活动奠定基础。课程名称的改动，也同时体现了高职课程建设的发展历程：消费心理学强调消费过程的心理现象分析，突出了学科的基础性；消费者行为分析强调过程和学习动机，是受到德国职教理念影响，也是工作过程导向的课程设计思想；营销心理学突出围绕营销岗位能力培养的属性，更加

接近目前高职教育的理念和形态。

1. 课程基本情况和面临的问题

（1）课程的基本情况。《营销心理学》是"营销类"专业的一门理论性较强的专业基础课程，在本校的市场营销专业中开设在第二学期、64学时（理论与实践课：1：1）。是一门为"营销类"专业学生提供认识消费者心理的基本原理与基本方法的课程。课程研究的对象虽然是针对学生们熟悉的消费行为，但是，如何用心理学和市场营销的观点来分析熟悉的消费行为，并为营销活动奠定基础，从而提高从"专业的角度"而不是"直觉的方式"全面分析市场营销问题的能力，即消费者心理和行为分析的能力，提高授课的效果，一直是课程建设与改革要解决的问题，也是课程建设与改革的重要目标。

（2）课程建设中的主要问题。在过去10年的课程建设与改革中，面临的主要问题有三个方面：课程自身、学生和高职教育教学思想的发展。

1）课程自身的特点。虽然心理学的概念对学生有很大的吸引力，因为学生作为消费者个体，对消费者的行为极为熟悉，但是，和其他课程一样，学生对课程中理论性很强的知识兴趣不大。

2）学生学习兴趣与习惯。和其他类院校一样，学生学习的热情和愿望日益下降；学生的"经验、脱口而出"与非"专业、多角度"的学习习惯在本课程的学习中更明显。由于营销心理学中运用的案例和分析的消费现象都是学生熟悉的，学生在进行问题分析时，多是简单的单向思维。比如，当举出类似"在购买产品时，消费者（你）最担心什么呢？"通常学生会以自己的消费经验"脱口而出"一些观点，像产品的价格、质量、款式、保障、知名度，等等。在他们说这些观点的时候，往往是凭个人的、针对某个产品的消费经验，而不能上升到更高、更专业的观点，例如，消费者知觉到的风险包括四个方面：价格、质量、安全、社会与心理，学生应从这四个方面对教师给予的案例进行分析；还由于课程研究的内容是大家熟悉的，理应增加课程与学生的沟通性，但是，这也导致了学生"误以为"知道，于是停留在"脱口而出"中的一知半解的经验，很难形成以较为"专业的方式、全角度"地对问题进行分析，使课程的优点从某些角度上也成了课程的缺点。

3）高职课程建设与改革的整体引导与牵引。在专业与课程的建设10年中，也是高职教育教学改革发展最快的10年，高职教育教学理念促进着课程的建设与改革的进程。

课程建设经历过最初的学科教育再到各种行动导向的教育教学改革，其中澳大利亚、德国的高职教育对课程建设的影响巨大。前者在课程改革和建设中，主要以模块化的教学为主；后者主要是基于工作过程系统化的课程教学。每一次课程建设的改革，都对课程建设提出了一些新思路和新触动，也使课程建设的内容和教学方法日益丰富和饱满。

如何根据高职教育教学改革的需要进行课程建设一直面临着挑战和压力。在多年的建设中，形成了以能力本位、围绕岗位能力需要为基本沉淀和核心进行课程建设与改革的思想。

总之，营销心理学是一种基础性较强的课程，如何在学生学习主动性日益下降的今天，迎合高职教育教学改革的需要，解决课程建设中的问题是其面临的最大挑战。

2. 课程建设与改革的思路

在课程的建设与改革中，主要有两方面的指导思想，也是基础思路。

（1）如何贯彻能力本位的高职教学思想。无论从课程内容的选择、课程形态，还是考核方式，都围绕专业能力培养的标准进行。

以能力为本位课程建设在授课形态上的转变主要体现在课堂主体的变化上，即教师从课堂教学的主体变为主导，仅作为教学形态的导演，而学生转变成课堂的主体，实现边做边学，提高学生学习的主动性，从而提高课堂的教学效率。

（2）如何解决课程建设与改革的主要问题。面对上述提到的课程建设的三方面主要问题，如何通过课程教育教学改革，有针对性地解决，特别是根据课程的特点进行教学过程的提升，整合课程的整体资源，提高课堂的效率，提出和建成一系列解决问题的方案是课程改革的重点。

3. 课程的具体改革和建设

在上述课程建设的指导思路下，围绕专业岗位能力的培养，结合本课程的特点以及需要解决的主要问题，突出学生的能力培养，从内容的设计、教学方法、考核方式等方面对课程进行了一系列的建设与改革。

（1）课程内容的选择。在内容的选择上，从课程自身解决学生对理论学习没有兴趣的问题。突出心理学在分析消费行为的应用上，尽量强调对实践的指导意义，提高学生的实践能力和学习热情，不追求课程的体系化和专业化。

营销心理学是市场营销专业理论性较强的专业基础课程，课程内容的选择除了考虑课程的基本特征外，也考虑到岗位能力的培养，因此，对课程内容的选择强调了对营销活动的支撑上。

本学院市场营销专业根据就业和行业特点，确立了培养目标，使学生掌握市场调查与预测、市场营销、营销心理学、客户满意管理、促销管理和营销策划实务等知识，具有市场调查、销售、客户服务、营销策划等能力，从事市场专员、销售与销售管理、客户服务与策划等岗位工作的高素质技能型人才。

因此，在课程内容的选择上注重三个方面：一是基础心理原理对消费行为分析的应用上，比如，认知的整体性，不仅强调其心理学的意义，更重要的是在营销活动的作用是什么，等等；二是消费行为的影响因素分析，主要强调消费者的行为与外界因素的关系，不强调外界因素是什么，比如，文化因素的分析，只强调文化因素影响消费心理的方面，或者不同的文化给消费者行为带来的差异和影响，不强调文化因素包括哪些方面等；三是产品自身的因素对消费者心理的影响，比如说命名、包装等，强调的依然是其如何影响消费者的行为，不强调其策略与方法。

因此，在课程的讲述过程中，始终围绕着消费者心理、产品心理与社会各因素影响下的心理三部分内容。通过对课程的学习，使学生会用合适的心理学原理和方法对消费者心理现象进行分析，具有进行市场工作前期的消费者心理分析的能力。

（2）教学方法的改革。在教学方法的改革上，注重学生对课堂的参与，提高学生的学习热情。比如，"气质"在传统的讲述中，首先要认识"气质"概念，然后讲解消费者气质分析的意义以及在营销过程中的应用。通过改革，采用了两种主要方式：一是气质测试，学生通过测试自己的气质类型，认识气质是什么，包括类型有哪些，主要特点是什么，等等；二是将气质测试的60道题目以竞赛的方式进行快速归类（分别是测试气质的哪种类型），看看谁的归类正确率更高，来掌握气质的特征和属性。这些教学方法的改变极大地活跃了课堂气氛，提高了学生参与课堂的热情。

教学方法改革的突出转变是从传统向现代教学方法的根本性改变。

由于课程的基础性较强，因此，在改革初期很难纠正以讲述为主的上课方式，即传统的以老师为主体和主导的"满堂灌"的教学模式和方式。这个过程主

要经历了三个阶段:

1)被动适应学校的要求,从形式上进行改变。根据学校对课程建设的基本要求,理论与实践的课程各占一半。但是,在改革初期,只是从形式上进行改变。为了应付各种检查,也增加了一些实践教学的环节,比如,增加心理学的认识消费者的气质性格测试等,但是,这些实践教学形态相对初级,没有体系化。

2)尝试各种形态的实践教学方式。随着高职教育教学改革的深入,尤其原有教学形态中的各种弊端越来越不适应学生要求,促使我们不得不采用新的教学方式。比如,经过期末考试的检验发现课堂讲述的内容能让学生完全掌握的越来越少,同时,考试中的笑话越来越多,比如,心理学"距离"这个专业词汇,通常是讲述概念,并举出例子来解释这些概念。在授课过程中,教师自我调侃地说:如果说我是一个老师,你们接受吗?学生们快速地回答:接受;如果接着说我是一个好老师,你们接受吗?接着依次说我是一个"一流大师",你们接受吗?虽然教师在场,学生还是哄堂大笑。于是教师总结说,"距离"是说如果介绍给消费者一个产品信息,且这个信息在消费者能够接受的范围内,消费者是可以接受的;如果超出某一个范围,消费者就会拒绝相信,所以,"距离"告诉我们:推介产品的信息不能过分夸大,否则会引起消费者的反感和不相信。就如刚才我所举的例子一样。但是在考试中,学生最可笑的回答是:×××是老师我们承认,是好老师我们也承认,如果说是"一流大师"我们不承认。这些现象的出现,让教师一天比一天更深刻地认识到,讲解给学生的知识,学生掌握得并不好,因此,需要用更多的实践方法,增加学生自主学习的动力,提高学生对知识的理解和应用。

3)全面调整教学方式,增加学生参与课堂的机会,提高学生对课程教学内容的理解。在通过迎合和尝试阶段后,开始寻找用专业的方式,依据课程的特点,进行更多的实践教学,并形成了系统的课程教学改革。

首先,案例教学方法贯彻始末。由于本课程的研究对象是大家较为熟悉的消费现象,因此,选择典型的消费行为案例进行概念、实践导入,使教学更加丰富。课程使用的大小案例不少于100个,在使用案例教学时,突出注意两个方面的问题:一是方便学生理解,从字数、语言习惯等编写上符合学生的阅读习惯;二是强调典型和新发生案例的结合,使学生有更高的学习热情,比如,滴滴与快的打车软件的竞争对消费者行为养成的促进等案例都在第一时间进入课堂。

其次，增加学生参与课堂的机会，使学生成为课堂的主体。由于经常是在70人左右的大班上课，课堂发言的时间相对会受到一定的限制，因此，将学生分成3~4人小组，根据讲课的进度布置作业，学生课下准备PPT，在每次开课的前20分钟，学生根据教师布置的题目，结合小组准备的PPT进行自主讲课，同学、老师一起对讲课的同学进行点评，并指出修改的意见，学生进行修改后并上交PPT作为考核的一部分。这种讲课每个学生基本上都可以轮上1~2次，大幅度提高学生的课堂参与度与自主学习的热情。

再次，学生分享收集的素材，特别是比较有趣、有创意的例子与视频。比如，讲述到商品的命名、包装等内容时，布置学生自己收集有关的素材，向同学分享这些素材并说明分享的理由；有些学生收集有趣的案例，随时随地地分享在QQ群中，作为考核记录学生参与讨论的次数，也作为考核的内容。

最后，根据自己对课程的理解编制知识树，总结个体对课程的理解。在学习的过程中，不断地累积专业的概念、知识点等，形成书面的总结，以作业的形式上交，老师通过学生的自我总结，分析其对概念的理解和应用上的分析，随时掌握学生学习状况。在学期末，结合前期的总结和教师的串讲，编制课程的知识树，对课程进行总结，不强调知识树的全面、美观，强调原创性，也提高了学生从整体上分析问题的能力。

（3）课程的考核方式设计。通过几年课程建设，课程考核基本上改变了以一次考核定成绩的做法，注重对整个教学过程的考核，除了注重知识的掌握情况外，也注重学生学习习惯的养成教育，形成注重能力与专业素质养成的考核方式和体系。

考核分为以下几个部分：

日常考核的作业、课堂提问、考勤等，占整个成绩的20%；自主讲课时，学生的互评和教师的评价分数，占学生成绩的40%；日常记录笔记、分享的内容等，占成绩的20%；阶段性的总结、知识树等内容占20%。

设计了一定项目的减分和加分项目：对上课迟到、早退等不遵守纪律的情况，每次酌情扣5~10分；对没有理由旷课两次以上的学生，即使是考查课程，也增加了期末的考核，按照理论考核的方法对学生进行考试；对上课发言、分享内容创新性较强等方面给予每次5~10分加分，尤其是在收集的素材上、分享在QQ群的内容特色突出、讨论、思想比较好的学生给予5~10分的加分。

通过这些考核的方式，促进学生不断地形成好的学习习惯。

（4）课程改革与创新。对课程的改革与创新有以下几方面：

1）提高学生参与课堂的积极性，不断使学生成为课堂的主人。在课程的改革与建设中，始终围绕授课过程中的问题增加实践教学环节，不论是学生自主讲课，还是分享素材，教师只注重整个过程的设计，使学生不断地自主完成一些任务，自主学习的能力有所提高。

2）考核是对整个过程的考核，学生的互评也加入到考核中，因此，改变了传统考核的缺陷，不再用一张试卷解决问题，而是将学生各个学习环节记录到成绩中，比如，学生记录的课堂笔记、参与的讨论等，促进学生在点滴中进行学习。

3）突出针对问题的有建设性的解决。在分析问题中，针对学生的"经验和脱口而出"的学习问题，制定了很多规定。比如，经常性地提醒学生，对老师提出的问题，思考一分钟后回答，不要脱口而出，一分钟后回答成为"学生的语录"；对于分析消费者行为后提出的建议，规定了学生不准许以"降低价格"作为策略，因为降价是所有人都会的策略，也是对企业不利的策略，希望学生结合专业设计相关策略；形成知识树就是希望学生能从多角度看问题；每次讲课的过程都介绍教师所讲述的部分属于消费者行为分析三个部分和因素的那一部分中，使学生能够时刻记住，分析消费者的行为，可以从三方面入手，即对消费者本人的心理、社会影响下的心理、产品因素影响下的心理进行分析，使学生能从整体掌握分析的内容。

4）能力培养成为课程的核心。在授课内容、教学方法等各方面，都强调对营销问题的解决；在评价指标中，也包括对PPT的设计水平、表述能力等的考评（见课堂互评表）；在每一项考核内容中，都强调"原创性"，其实，就是检查和督促学生自主学习能力。所有这些都是市场营销专业学生必须具备的综合能力和专业能力（学生相互评价如表3-5所示）。

表 3-5　学生相互评价

讲课人：　　　　评价人：　　　　时间：　年　月　日　　　　星期：

评价内容	运用与突出心理学的规律对消费者行为分析	课程角度新颖、有独立的思考	内容逻辑、层次清晰	讲述过程清晰、有互动、生动	PPT版面设计合理、美观	总体感觉	合计
分值	30	20	10	10	10	20	

4.课程建设改革的困难与建设的方向

课程通过 10 余年的建设和改革，基本内容、教学方式与考核方式已经具备一定的基础，但是，随着微课、翻转课堂等高职教育教学思想和方法的提升，课程的建设依然有很多可以改进的地方，也是下一步课程建设的核心。

（1）多年实践中的改革难度和课程实践实施的难度。在不断实施的实践教学过程中，尤其是学生进行自主讲课的部分，由于课堂中，学生人数众多，因此，如何保障学生能够有充足的参与是一个非常大的问题。这也是高职课程改革中的突出问题。

在实施学生互评过程中，进行平均分数的计算以及累计学生的各种工作任务的完成情况等，增加了教师大量的工作量，对本来就负责繁重教学任务的高职院校的老师来说，也是一个巨大的工作压力和挑战。

教师在实践中，由于授课教师的缺乏，教师对实践课程的设计工作量巨大，也没有同类课程可以参考和讨论，教师多是单打独斗，因此，设计的任务和难度都是比较艰巨的。如何保持教师的工作热情也是非常困难的问题。

（2）课程建设和改革方向。营销心理学虽然是一个基础性较强的课程，但是，其内容中多数心理学的观点和方法是非常鲜活的，在实践中的应用性也极强，如果能形成形式丰富的教学资源库，对辅助课堂的教学和满足学生进行业余时间的学习也是非常好的支撑，因此，课程的改革方向就是不断地建设内容和形式丰富的资源库。

营销心理学的资源库主要包括以下四个方面：

1）**案例库**。案例库是突出营销心理学在实践中如何指导营销实践的案例建设。比如，众所周知的滴滴打车与快的打车，怎样通过不断地促销活动帮助消费者形成使用该软件习惯；饥饿营销方式运用好的企业如何通过这样的方式，促使消费者不断地抢购，并处在企业的掌控之中，等等，对这些案例心理学的解析，使学生能更好地用专业的眼光和角度分析具体的问题。

2）**微课**。心理学的很多观点对于学生来说是新鲜的，但是，有些心理学规律对于学生的理解，特别是在实践中如何指导应用，也是较大的难题，因此，设计出较好的微课，帮助学生方便地学习这些规律并掌握则是应用的基础。如何选择这些知识点，并设计出趣味性强、应用性强、便于学生理解的微课库，将是本课程改革的重要内容。

3）素材库。这些素材库有企业成功的案例，也有失败的案例，其素材包括消费者个体与群体消费的心理素材、产品的相关素材，比如，产品的价格、包装、命名、商标等原始素材，通过直观的素材，帮助学生认识这些因素对消费者心理的影响。

4）学生学习成果素材。学生学习成果素材包括学生制作的 PPT、收集的各种视频、制作的知识树等，这些学习成果的积累，可以更好地帮助后来的学生进行学习和分享，较好的学生工作结果对后来的学生也是一种激励措施。

三、《网络营销》课程改革的设计与实施

随着经济的发展，互联网已经成为人们不可缺少的一部分，2014 年网络购物用户已达到 3.5 亿人，2014 年电子商务交易额突破 11 万亿元，随着"线上"营销的发展，营销的"线上与线下"已经成为市场营销的两种形态。传统的专注于线下的营销理念和形态的教育，已经不能满足市场营销的教学，网络营销已经成为市场营销新的发展方向。本院校的《网络营销》课程也是随着营销的"线上"发展而新增的课程，是为了适应经济发展的需要，除传统的营销观念和方法的培养外，需要更好地加强对网络营销的理念和方式的培养，以适应现代营销理念和方式转变的需要。

1. 课程基本情况和面临的问题

（1）课程的基本情况。《网络营销》既是"营销类"专业的一门实践性较强的专业基础课程，在本校的市场营销专业中，开设在第四学期、56 学时（理论与实践课：1：1）；也是一门为"营销类"专业学生提供认识网络营销的基本方法和基本工具的课程。课程研究的对象是针对网民的购买行为，如何利用互联网这个平台进行营销，从而达到推广产品、树立企业形象的目标。

（2）课程建设中的主要问题。在过去课程建设与改革中，面临的主要问题有四个方面：课程的发展历史、互联网发展的速度、教学软件的缺乏和学生自身的特点。

1）课程的发展历史。网络营销课程是近几年随着互联网的发展而兴起的，历时短暂，没有其他经济类学科成熟，课程体系不是很完善。作为一门市场营销专业的核心课程，其设置的目的是在了解网络技术的基础上，注重在营销技巧方面的提升。但是，到目前为止还没有可参考的"前车之鉴"。

首先，在市面上仅有两种类型的《网络营销》教材，一种是完全按照《市场营销》课程体系编写的，只是把"市场"两字换成了"网络"两字；另一种是偏向于网络技术应用的，比如企业网站的建设。

其次，在以往的网络营销教学过程中，大部分高校有两种主要的倾向：一种则基于理论讲授，以网络特点融合现代营销的理念作为课程理论讲授的核心，较少或者没有实践项目，网络营销只是作为举例或者案例教学的内容存在；另一种则偏向技术手段的应用，比如网站的设计、网店的店面设计与维护等，偏向于计算机技术的专业学习。

最后，由于任课教师的缺乏，只能依据个人的知识、经验来建设课程，这就导致在建设过程中会遇到很多困难，需要不断地解决问题，完善课程。

2）互联网发展的速度。由于网络营销课程是基于互联网进行讲授的，需要学生与时俱进，掌握最新的网络营销手段，也许刚刚建设好的课程内容，由于新兴网络形式的出现，就需要进行重新建设。所以，如何建设符合现代网络发展的课程内容是我们在建设过程中面临的主要问题。

3）教学软件的缺乏。虽然网络营销大部分实践课程内容是在真实网络中运行的，但有些模块是需要学生了解后台运行的，可是，在真实的网络中学生不可能看见后台的运行，只能在前台操作。解决问题的办法只有购买网络营销教学软件才能解决。

4）学生特点。随着"90后"、"95后"逐渐步入大学课堂，整体上无论从学习的热情、愿望和韧性上都日益下降，学生的"自我意识、自我兴趣"的学习在课程的学习中更明显，学生只愿意学习自己认为有用的、有趣的部分，忽视了知识的全面性。虽然现在学生对互联网很熟悉，也很感兴趣，但真正感兴趣的是网络娱乐，对网络营销的工具和方法的应用并不感兴趣。一方面，学生对于有关网络营销理论的讲授感觉枯燥乏味；另一方面，对于网络实践的应用感觉费力、费事，没有很好的韧性。

依据现代网络营销的发展趋势，如何建设符合企业要求、市场营销专业教学目标和现有教学条件的课程；如何在学生学习意愿日益下降的今天，迎合高职教育教学改革的需要，提高课程质量水平，解决课程建设中的问题是课程建设过程中面临的最大挑战。

2. 课程建设与改革的思路

在课程的建设与改革中，主要有两个方面的指导思想，也是课程建设与改革的基础思路。

（1）如何提高学生的实践能力。为了更好地适应高职课程建设与改革的需要，使其更加符合高职课程建设的要求。其中最重要的方面就是如何能够提高学生的实践能力。无论从课程内容的设置、课程形态，还是考核方式等方面，都应该围绕实践能力培养的标准进行。

在课程内容设置上，加大实践项目的比重；在授课形态上的转变主要体现在课堂主体的变化上，即教师由课堂教学的主体变为主导，而学生成为课堂的主体，实现"学中做、做中学"的目的；在课程考核方式上，综合过程和结果、老师和学生共同的评价，提高课堂的教学效果。

（2）如何解决课程建设与改革的主要问题。课程的建设与改革所面临四个方面的主要问题，通过课程教育教学改革，编写适合高职市场营销专业学生的网络营销教材，建设符合现代网络发展的课程内容，购买相关网络营销教学软件，来提高学生学习的热情和韧性，提高课程改革的实际效率。同时，特别是根据课程的特点进行教学过程的提升，整合课程的所有资源。

3. 课程的具体改革和建设

在上述课程建设的指导思路下，围绕专业岗位能力的培养，结合本课程的特点以及需要解决的主要问题，突出学生的能力培养，从内容的设计、教学方法、考核方式等方面对课程进行了一系列的建设与改革。

（1）课程内容的建设。在内容选择上，既有一部分理论基础知识，又要加大实践课程的比重，建立有效的网络营销课程实践项目，确保课程质量水平，切实加强学生的网络营销能力。同时，课程内容的设计要随着互联网的发展与时俱进，使学生掌握最新的网络工具，既要符合企业、市场营销专业教学目标的要求，也能使学生有发挥的空间，提高学生的学习兴趣。

在课程内容建设的过程中，主要经历了三个阶段：

1）在改革初期，互联网的普及率和熟悉度都不高，网络营销虽然是市场营销专业的核心课程，但由于是新发展的课程，对其重视度不高。所以，对课程的改革也只是从形式上进行改变。即使也增加一些实践教学的环节，比如，增加论坛营销帖子的撰写、搜索引擎关键词的编写、企业网站的认识等，但是，这些实践教学形态相对初级，没有体系化。

2) 增加了更多的实践教学环节。互联网的发展推动了网络营销课程的发展，因为本门课程已经成为了市场营销专业新的发展趋势。比如，增加了企业网站的建设、阿里巴巴店铺的创建、淘宝店铺的创建等。但是，这些实践项目仍有很多不足，只是单纯地了解创建过程，很多技巧的内容则没有体现，学生创建完了，没有实际的意义，对网络营销技巧的提高还很欠缺。

3) 全面调整教学内容。在通过初期改革和尝试阶段后，依据教师自身知识的积累和课程讲授过程中出现的问题，开始寻找更多的符合要求的课程内容，并形成了系统的课程教学改革。比如，购买了网络营销教学软件，建立了实践项目实施的评价标准，规整了课程内容，使整个课程更加完善和系统化。

因此，改革后的课程内容主要有以下两部分：

第一，理论知识。理论知识包括有关网络营销的基本概念、方法、工具和职能；对网络营销所处环境的分析；对网络消费者的购买行为分析；对网络营销的产品、价格、渠道和促销策略的制定等。

第二，实践项目。实践项目包括在阿里巴巴或淘宝平台上创建店铺、装修店铺、发布宝贝，如何编写宝贝标题、制定宝贝价格才能使宝贝排名靠前；在贴吧、猫扑、西祠胡同发布推广企业网站或产品的帖子，如何设计帖子、回复帖子才会有更好的浏览和转化率；在问卷星平台上进行问卷的发布；为自己的企业网站编写关键词和详细信息，在百度推广平台上或教学软件后台进行模拟操作，看谁的排名靠前；利用微博、微信、博客推广企业网站或产品；会操作 FOXMAIL软件进行 E-mail 营销；利用阿里巴巴进行网络广告的设计等。

因此，在课程的讲述过程中，始终围绕着这两个方面进行。通过课程的学习，使学生具有了网络营销相关理论知识，并能够灵活运用这些方法和工具，在实践中进行应用。

（2）教学方法的改革。在教学方法的改革上，注重学生对课堂参与的教学改革方式，提高学生的学习热情。比如，"企业网站的认识" 在以往的讲授中，只是老师在对学生进行每个企业网站的介绍。通过改革，首先，老师讲授几个典型的企业网站运营模式；其次，老师列出 10 个其他企业网站的名称，让学生自己通过浏览网站寻找网站的运营模式；最后，学生进行分享，老师总结。这些教学方法上的改变使学生成为了主体，提高了学生主动学习的积极性，达到了良好的教学效果。

在课程教学方法的改革上，重大和突出的转变就是从传统向现代教学方法理念的根本性改变。主要有以下三个方面：

1）案例教学方法。在进行理论知识的讲授中，为了呈现所讲授的内容，使学生能更好地理解且提高其学习的积极性，大部分采用的是案例式教学方法。选择了很多典型的网络营销案例进行导入，使教学内容更加丰富。在使用案例教学时，突出注意两个方面的问题：一是选择与时俱进的案例进行分析；二是强调典型的选择，使学生有更高的学习热情，比如，芙蓉姐姐的成功等案例都在第一时间进入课堂。

2）增加学生实践的机会，使学生成为课堂的主体。原来本课程都是两班授课，学生为 60~70 人，对于学生实践的指导有很大的困难，所以，改革后，本课程变为单班授课，提高了教学效果。

3）学生分享实践成果。比如，对淘宝店铺的流量分析，向同学分享是如何展现宝贝流量的，应用了哪些技巧。

（3）课程的考核方式设计。通过几年课程建设，课程考核基本上改变了以一次考核定成绩的做法，注重对整个教学过程的考核，形成了过程和结果相结合的考核方式。

考核分成以下几个部分：

日常考核的作业、课堂提问、考勤等，占整个成绩的 20%；实践项目的完成效果，占学生成绩的 60%；笔记记录占成绩的 20%。

设计一定项目的减分和加分项目。对上课迟到、早退等不遵守纪律的情况，每次酌情扣 5~10 分；对没有理由旷课两次以上的学生，即使是考查课程，也增加了期末的考核，按照理论考核的方法对学生进行考试；对上课发言、分享内容创新性较强等方面给予每次 5~10 分的加分；在实践项目上做得比较好的学生给予 5~10 分的加分。

（4）课程改革与创新。课程改革与创新包括以下几个方面：

1）加大了实践项目比重，不断提高学生的实践能力。在课程的改革与建设中，始终围绕授课过程中的问题，加大实践项目教学，不论是具体实践，还是分享结果等，教师只注重整个过程的设计，让学生不断地自主完成一些任务，使其自主学习能力有所提高。

2）开发了四个具有现实意义的实践项目。这四个项目为淘宝店铺的创建；搜索引擎的关键词和描述的编写；主帖和回帖的编写和发布；微博、微信的运用。

3）真实网络和教学软件相结合的教学模式。购买了博星卓越网络营销教学软件，并结合真实网络的应用，既掌握了前台营销的技巧，又了解了后台的操作。

4）考核方法是将整个过程和结果相结合。一方面是过程的考核，整个课堂的表现等；另一方面是结果的考核，即营销效果的好坏，比如，淘宝店铺的展现量、转换率等指标，帖子的浏览量等。

5）能力培养成为课程的核心。在授课内容、教学方法等各方面，都强调能力的提高。

4. **课程建设改革的困难与建设的方向**

由于课程建设时间较短，课程的基本内容、教学方式与考核方式虽然也具有了一定的基础，但是，互联网快速的发展导致出现了很多新的网络营销形式，同时，也出现了微课、翻转课堂等新的教学思想和方法，课程的建设依然有很多需要改进的地方，也是下一步课程建设的核心。

（1）课程建设改革的难度。首先，由于学生网络技术基础不统一，在实践教学过程中，就会出现参差不齐的现象，如何在不耽误技术好的同学基础上，使每位学生都能够掌握网络工具的应用是一个非常大的问题。其次，虽然设计了完善的实践项目，但在实施过程中，可能还有很多意外情况的出现，如何克服这些情况，也是面临的一个问题。再次，由于本课程很多内容是在真实网络中进行，这就要求教室具备良好的网络运行环境，但是，由于机器设备的落后，导致了课程内容进展的速度。最后，网络分分钟都在变化，如何根据这种变化对设计的实践项目进行相应的调整也是一个很大的压力和挑战。

同时，教师在实践中，由于授课教师的缺乏，教师对实践课程的设计工作量巨大，也没有同类课程可以参考和讨论，因此，教师多是单打独斗，设计的任务和难度都是巨大的。如何保持教师的工作热情也是非常困难的问题。

（2）课程建设的方向。网络营销是一门实践性较强的课程，很多内容是非常具体的，如果能形成形式丰富的教学资源库，对辅助课堂的教学和满足学生进行业余时间学习也具有非常好的支撑作用，因此，课程的改革方向就是不断地建设强大的资源库。

网络营销的资源库主要包括以下四个方面：

1）案例库。案例库包括一些网络营销成功的案例。比如，戴尔（DELL）、小米如何运用互联网进行推广产品，且达到了很好的销量，当当网、京东商城是如何形成了网络品牌效应，像芙蓉姐姐等网络红人产生，背后所蕴藏的技巧，通过这些案例的分析，使学生更好地理解网络营销的效应。

2）微课。网络营销就是在互联网中做营销，虽然注重的是营销技巧的提高，但很多工具和方法的运用是需要在互联网平台进行操作的。可能在授课的过程中，学生没有掌握操作的流程、一些工具软件的应用，比如，淘宝店铺开设的流程、图片处理软件的应用。如果针对操作过程设计出较好的微课，帮助学生课后进行学习，将是本课程改革的重要内容。

3）素材库。素材库包括一些有关知识点的案例、网络营销操作平台的链接地址和辅助网络营销的链接地址或软件。比如，论坛营销主要是选择平台、发布帖子和维护帖子，那么，可以把一些经典的、有代表性的帖子和回帖进行归整；微博营销，整理一些有营销价值的微博内容和营销账号的微博用户名；企业网站的建设，整理一些有值得参考的企业网站地址、淘宝店铺地址；搜索引擎营销，整理有关优化关键词辅助工具的链接地址或是软件。同时，在网络营销的实践中，需要很多工具软件和辅助网址，比如，图片处理的 Photoshop、光影魔术手等软件，淘宝宝贝标题的辅助工具淘宝指数的链接地址，帖子发布的平台链接地址，等等。

4）学生学习成果库。学生学习成果库包括学生发布的帖子、创建的淘宝店铺的地址，这些学习成果的积累，可以更好地帮助后来的学生进行学习和分享，好的学生工作成果对后来的学生也可以起到一个较好的激励和榜样作用，同时，也可以累积经验，避免后来的学生少走弯路。

四、《客户的满意管理》课程改革的设计与实施

在移动互联网经济时代，市场竞争愈演愈烈，市场营销的环境不断转变，产品的差异和价格战的效果越来越小，所以，企业越来越重视客户的服务与管理工作，急需具备现代客户服务与管理理念和技能，能够熟练地掌握企业客户服务的工作流程和服务技能、具有良好的沟通能力、团队合作能力和良好的心理素质，能较好地完成客户服务与管理工作的高技能应用型人才。因此，根据高职教育教学改革的要求，结合企业对客户服务与管理人才的需求，对《客户的满意管理》

课程进行了一体化教学改革的探索。

1. 课程基本情况和面临的问题

（1）课程的基本情况。《客户的满意管理》是市场营销专业核心技能课程之一，它是市场营销专业培养学生专业技能的重要课程，在整个专业教学知识体系中起着拓展深化的作用。本课程开设在市场营销专业教学计划的第五学期，共计 64 学时（理论与实践课：1∶1）。

新经济时代的人才需求对高职院校的人才培养模式提出了新的要求，《客户的满意管理》课程又是在当今企业向"以客户为核心"的经营理念转变的研究领域，因而其教学内容和课程体系的科学性和完整性正随着企业客户理念的实践发展不断地更新和完善，这使得《客户的满意管理》课程的教学内容改革一直处于动态调整和不断更新之中。近年来，我们一直致力于教学内容、教学方法、教学手段的改革和探索，力求在《客户的满意管理》课程的教学中，始终围绕市场营销专业技能应用型人才的培养目标，建立科学规范的、具有理论前瞻性和实践应用性的、符合高等教育规律的、实施过程可控的、效果反馈良好的《客户的满意管理》教学体系，逐步形成较高的教学质量、突出的课程特色、创新的讲授方式于一体的优质课程。

（2）课程建设中的主要问题。在过去近 10 年的课程建设与改革中，面临的主要问题有三个方面：教学内容与教学方法陈旧、职业素养教育缺失和实践能力培养力度不够。

1）教学内容与教学方法陈旧。在本课程的教学过程中存在着一些问题，其突出表现有两个方面：一方面，在内容上仍然强调理论知识的讲解而忽略了实践动手能力的锻炼；另一方面，教学方式依然是理论讲授加案例分析。这种教学模式所带来的弊端，从用人单位的反馈和对毕业生的回访中可以得出。他们反映最多的情况就是学的知识很多但能用的不多，从事客服工作的学生觉得《客户的满意管理》课程中所讲授的知识只起到一个方向性的作用，而在工作中需要的是具体的操作能力。从中可以看出，现阶段的教学方式以及教学内容应当做相应调整，改变目前存在的问题，努力做到企业需要什么样技能的人才，学校就输送具备这种技能的人才。

2）职业素养教育缺失。从目前用人单位对求职者的要求来看，良好的职业素养已经成为职业准入的一道门槛。大量事实表明，现在的单位在用人时更趋于理性化，在人员招聘时比以往更看重学生的综合素质，喜欢录用那些综合素质比较高的学生。因此，要不断加强高职学生职业素养的培养，增强其在未来人才市场中的竞争力，同时也为他们今后实现自己的职业理想打牢基础，从而使他们能够立足岗位，服务社会。虽然一些院校的人才培养方案中关于职业素养方面的设计是比较丰富的，但细化和落实到具体课程中的却很少，取得良好效果的就更少了。

3）实践能力培养力度不够。由于高职教育培养的学生是为生产第一线服务的，因此高职人才毕业去向具有很强的基层性。这个基层性决定了高职类院校的毕业生应该具备很强的实践能力，而实践能力的培养，需要高职院校加强实践环节的教学。实践性教学，一方面是高等职业教育区别于普通高等教育的重要标志；另一方面也是学生未来进入职业角色快慢的催化剂。实践能力的高低来自于实践性教学的科学性和有效性的强弱，其对于高职类毕业生应该是第一位的，因此实践性教学有其独特的功能与价值，从这个意义上看，它的重要性超过了理论教学。

2. 课程建设与改革的思路

《客户的满意管理》的课程设计基本思路是根据岗位标准→设计课程目标，根据课程理念→构建课程设计方案，根据课程设计方案→形成教学体系，结合课程目标，通过课程的实施与考核→形成职业能力（如图 3-7 所示）。

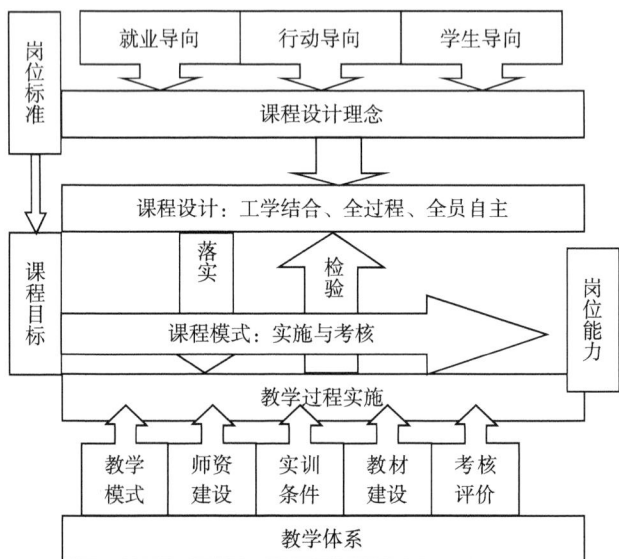

图 3-7 《客户的满意管理》课程设计思路

（1）根据客户服务岗位所需的职业能力标准来设计课程目标。按照营销岗位、客户服务岗位的工作内容与工作职责，结合高职营销与策划专业的能力培养目标，设计本课程的教学目标，即客户服务技巧的能力本位标准。

（2）根据课程设计理念来构建课程设计方案。基于以就业为导向、行动为导向及以学生为主体的课程设计理念，借助于校外实训基地，校企合作进行课程设计，设计工学结合，边学边做，全员参与、全过程考核的课程设计方案。

（3）通过课程方案来完善教学体系。如工学结合课程方案的实施，需要双师型的教师队伍、更多的校外实训基地、教材的建设、教学模式以及考核评价的改革。课程方案将推动教学体系的完善。

（4）围绕职业能力培养，进行课程的设计与实施。通过课程目标，结合课程的实施与考核，形成职业能力。由职业能力需求标准制定的课程目标，加上课程的实施与考核，来培养学生的职业能力。

3.课程的具体改革和建设

在上述课程建设的指导思路下，围绕专业岗位能力的培养，结合本课程的特点以及需要解决的主要问题，突出学生的能力培养，从内容的设计、教学方法、考核方式等方面对课程进行了一系列的建设与改革。

（1）课程内容的选择。根据对企业客户服务与管理的岗位分析，通过企业调研，对该课程进行了学习情境设计。在学习情境设计的过程中，首先考虑了职业工作过程的特征，即工作过程的工作对象、内容、手段、组织、产品和环境六个要素，它们是不断变化的；其次考虑了相对固定的思维过程，即个体思维过程要经过信息、决策、计划、实施、检查和评价这些完整的过程。

《客户的满意管理》的学习情境是按照客户服务与管理工作的复杂程度为逻辑关系而设计的，学习情境之间是递进的，难度逐渐增加。使学生通过比较逐渐达到熟能生巧，"熟"就是经验，"巧"就是策略，进而掌握"信息、决策、计划、实施、检查和评价"的工作过程，获得完整的思维过程训练。这样就能使学生在今后的就业和未来职业生涯的发展过程中，即使遇到一些超出其学习范围的内容，也能够依据完整的思维从容应对。

根据市场营销专业的培养目标和专业定位，主要设置了如下学习任务（如表3-6所示）。

表 3-6 《客户的满意管理》课程内容选择

序号	学习任务	重点内容
1	客户服务基础	识别客户、客户服务的内容与分类、客户服务的现状与发展趋势和客服职业介绍
2	客服代表职业化塑造	客服代表的品格要求、职业技能、心理素质和礼仪形态
3	日常客户服务	接待客户咨询、处理客户异议、与不同类型的客户打交道
4	客户获取与分析	客户开发、收集客户信息、客户拜访、客户分类与管理和客户信用管理
5	培养稳定的客户关系	实施客户关怀、客户的满意管理、客户的忠诚管理、客户服务压力管理和提供个性化服务
6	E 时代的客户服务	网络客户服务和呼叫中心服务

其中，在所有学习任务中的重点与难点是"培养稳定的客户关系"，因为这部分内容是在客户基础服务之上的一个升华，也是现今客服岗位技能要求中的一个重点和难点，在课时设计上加大了这部分的学习和训练，设定为 30 学时，体现了客户服务岗位基本的职业生涯发展规律，为学生开创了未来职业发展的空间。

（2）教学方法的改革与实践。本课程在实施的过程中，采用"教、学、做、拓展"的一体化教学法，通过典型的案例剖析或者实际的经历引出知识点的教学，下达任务，学生边学边做，再通过情景模拟以及实践练习，提高学生解决问题的能力，最后布置课后任务，对学生进行拓展训练。这一教学模式需要多种教学方法与手段的配合使用。

1）案例分析法。课程选择客户服务方面新近发生的真实案例或者知名企业具有代表性的案例让学生进行研讨，分析其中某些做法的利弊，找出存在某些问题的原因，提出能够解决问题并具有操作性的措施。进行案例分析时，学生可以将学到的知识现场应用到解决问题中，再通过相互交流讨论获得更全面的理解和认识。最后由教师评阅后进行总结评估，对重点、难点进行讲评，从而完成案例教学的"教学、研讨、分析"的循环。

2）角色扮演法。学生可以模拟客户代表或者客户，通过行动来亲身体验互动过程中两者的心理状态。对客户代表角色的扮演，使学生用实际行动体会了怎样才能做得更像专业的客服，怎样才能更好地与客户沟通交流；对客户的扮演则让学生换位感受客户的需求和对服务的期望，以便将来更好地完成客服工作。

3）情景模拟法。情景模拟可以尽量缩小实际工作与教学之间的距离，一旦学生进入模拟情景，他们就要努力表现得合乎实际。同时，对工作中典型环节的反复模拟也能消除学生对未知工作情景的陌生感，使他们能够更快地适应岗位工作。学生通过对模拟情景的扮演，反复地执行"准备→计划→实施→评估→反馈"的阶段，加深对课程任务的理解，并进入相对真实的工作环境，完成工作任务。充分体现了"以学生为主体"的教育理念。

4）小组任务法。小组任务法能够提高学生学习的积极性，促使他们主动参与教学，对学生主动精神的发挥很有帮助。同时，小组任务的游戏法也能促进学生之间相互协作和沟通，对团队合作意识的培养也有好处。

5）其他方法和手段。在《客户的满意管理》课程中，还运用到诸如视频案例欣赏、素质测试、研讨、实地观察、项目报告等教学手段，这些方法和手段的运用丰富了课程教学。

（3）课程的考核方式设计。传统的考核方式主要是期末闭卷考核，考试的内容也是以知识考核为主，学生的考试情况不能反映其职业岗位能力。《客户的满意管理》课程的考核采用过程考核，即"态度考核（10%）+职业素质（10%）+课堂表现（10%）+项目考核（50%）+团队合作（20%）"过程评估体系，对学生每个学习情境的通用能力培养、基本技能训练和综合课业训练都进行评估考核（如表3-7所示）。

表 3-7 《客户的满意管理》考试改革

	改革前	改革后
考试模式	结果式考核	过程式考核
考核表现形式	闭卷考试	职场情景模拟现场考核
考核内容	知识考核为主	知识、能力、素质考核
考核时间	期末	学习的全过程

为了保证过程考核的公平性与实效性，过程考核标准由校内专任教师与校外企业专家共同创建考核标准。在项目考核中，针对每一个训练项目中的任务，学生在教师的指导下采取自主打分，来锻炼学生的自我评估能力。

另外，还设置了10%的校外实践加分项目，对于在校外有兼职工作的同学，可以将自己真实的客户服务过程通过PPT、视频、企业负责人评价等多种形式加以呈现，这是真实职场情景的再现，也是课程的真实教学案例。

4. 课程改革与创新

（1）基于就业导向，培养学生客户服务能力。基于就业导向培养学生在营销类岗位的客户服务职业能力，因此应围绕着营销类的相关工作岗位的客户服务能力要求设置职业能力标准。市场营销专业学生毕业后从事的岗位主要有店面销售、业务员、客户服务代表、客户服务经理等，每个岗位都涉及一些客户服务的基本技巧和要求。如店面销售工作，从工作岗位的能力要求来看，需要学生具备良好的亲和力，需要熟练掌握服务顾客的基本流程，从欢迎顾客到理解顾客、帮助顾客、留住顾客，每个阶段都有相应的职业能力标准，主要包括知识标准、能力标准和素养标准。

（2）基于行动导向，开展职场标准化情景训练。通过企业调研，制定课程不同岗位的典型工作任务。每一任务根据知识、技能、素养进行考核。课内考核内容以职场标准化情境展开，内容灵活多样，激发学生的学习兴趣；课外实践性加分考核要求学生在校内外展开，充分利用学生校外兼职的现状，展开真实的工作情景训练。

（3）以学生为中心，促进学生积极参与，有效培养学生的客户服务能力。该课程的教学摒弃传统的以教师为中心的教学模式，全面贯彻"以学生为中心"的教学理念。教师提供基本的教学资料，引导学生自主学习，自觉进行情景模拟，自我评价和互评相结合，评价后自我改进。课程以小组为单位展开教学，小组成员之间互相监督，配合完成每次练习，小组之间也形成一种竞争关系。这种模式将学生的学习积极性调动起来，学生在自觉学习的过程中比传统的"填鸭式"教学更能学到自己想要的知识和技能。

5. 课程建设改革的困难与建设的方向

课程通过改革，全面提高了学生的职业能力，实现了学生从被动学习向主动学习的转变，提高了课堂教学的效率和效果，在提高学生的职业能力和岗位胜任力方面效果显著。但是，随着微课、翻转课堂等高职教育教学思想和方法的提升以及互联网技术的发展和应用，课程的建设依然有很多可以改进的地方，也是下一步课程建设的核心。

（1）多年实践中的改革难度和课程实践实施的难度。首先，在不断实施的实践教学过程中，尤其是学生进行情景模拟的部分，由于学生人数较多，课堂教学时间有限，因此，如何保障学生能够有充足的实践参与课堂是一个非常大的问题。这也是高职课程改革中突出的问题。

其次，在每一个训练项目中所实施的学生互相评价过程，尽管制定了相应的项目评价标准，由于学生的经验有限，对评价标准的理解存在差异，还有学生之间存在个人喜好的差异，因而在互评的过程中，对评价结果的客观性会有所影响。为了评价结果的公正性，势必要适当增加教师的评价比重，增加了教师的工作量，长此以往势必会挫伤教师的积极性，这也是一个巨大的工作压力和挑战。

最后，随着企业经营模式的日新月异，教师本身的实践技能也有待不断完善和更新，虽然市场营销专业的专任教师都已具备了"双师"资格，但对企业最前沿的一些客户服务的新变化，从认知和实践两个角度也还是滞后的，这就要求专任教师能在教学过程中，不断地学习和参与企业实践。但实际上，专任教师由于校内工作量的约束，既没有时间，也没有精力，这也是教学过程中面临的一个严重问题。

（2）课程建设和改革方向。《客户的满意管理》是一门专业性较强的课程，课程的专业性要求能与企业的现实岗位直接无缝对接，这就要求学生在校内的学习过程中，有充足的、真实的企业一线工作案例做支撑，因此，今后课程的改革方向就是不断地建设强大的资源库，其主要包括以下两个方面的内容：

1）案例、素材库。越是新近发生的真实案例和素材，越能引起学生的共鸣和兴趣，所以相关案例、素材的不断积累与更新，应成为日常教学的常规工作。可以通过市场营销专业的微信公众账号的平台，组成素材信息、案例维护小组，不断地更新与维护，将微信公众账号平台作为日常教学的案例库，使案例积累与更新工作呈现常态化。

2）微课。将知识点进行细分，对关键知识和知识难点进行碎片化，针对每一个碎片化的知识点，以简洁、趣味、形象的形式呈现，让学生在较短时间内掌握知识要点，并且将这些碎片化知识与微课形成系统，形成知识树，贯穿课程整体，这将是本门课程改革的重要内容。

另外，随着"互联网+"时代的到来，各行业的客户服务更注重用户体验和用户价值的创造；同时，各种互联网企业的快速增长，企业客户服务的方式也已由线下服务逐渐转到线上服务。这些新兴现象的出现，势必要求专任教师能够了解最前沿的服务模式，这也是对教师本身的巨大挑战。需要对专任教师一方面提供更多的专业培训；另一方面要增强与企业的多方面合作。比如，企业提供实习、实训基地，请企业专业人员定期走进课堂，专任教师挂职锻炼等多种合作形式，并请企业参与课程改革建设中，这都将是未来这门课程改革的一项重点内容。

五、《推销与促销管理》课程建设的设计与实施

《推销与促销管理》课程是专业开设伊始就已经存在的课程。随着时代的进步，课程的名字也经历了推销技巧、促销管理以及今天的《推销与促销管理》。虽然课程经历了多次改动，内容也相对比较稳定，但这些名字的改变也体现了高职院校市场营销专业教育的变迁。推销技巧，强调了一线的销售技术，单纯地强调销售的重要性；促销管理，则因为时代的变迁，更强调营销人员管理协调能力的提升，更重视促销活动的策划和执行过程；现如今经过改革的《推销与促销管理》则是两者并重，从推销技巧的基本能力培养开始帮助学生尽快地适应社会和工作岗位，同时，促销相关内容的阐述则是帮助学生更好地实现未来的职业生涯提升，通过这两个方面的有机结合学生才能在相关的工作岗位上更好地实现自己的人生价值。这也是职业教育的基本理念。

1. 课程基本情况和面临的问题

（1）课程的基本情况。《推销与促销管理》既是"营销类"专业的一门理论和实践并重的专业课程，在本校的市场营销专业中，开设在第四学期、70 学时（理论与实践课：1∶1）；也是一门为"营销类"专业学生培养销售能力、提升促销活动策划和管理能力的一门课程。

课程研究的对象是如何策划产品的销售，并最终实现产品的人员推销过程。理论上说商品的销售过程对于本身为消费者的学生来说并不陌生，但想要正确地实现产品的理想销售则是需要深入学习的。如何利用之前课程的学习成果，设计相关的促销方案，达到推销人员销售的产品与消费者需求的目标完全吻合是本课程要解决的问题。而提升学生的专业能力，提高课堂学习效果，是这门课程进行建设和改革的重要目标。

（2）课程建设中的主要问题。在过去 10 年的课程建设与改革中，面临的主要问题有三个方面：课程本身性质特点、学生的学习态度和高职教育理念。

1）课程本身性质特点。由过去的经验发现，学生对课程的相关基本理念和方法理解比较迅速，但由于学生本人作为消费者就是被推销的对象，因此，在授课过程中发现学生对提升类、理论性很强的学习内容兴趣明显不高。

另外，在课程的实践考核过程中，学生的作业和学习成果最真实有效的检验方式应该是参与社会的检验。

2）学生的学习态度。现在由于手机 APP 软件的快速发展，使学生收集信息的途径日益增多，课堂上学习的积极性和主动性越来越差。由于"90 后"及未来"00 后"的学生个性发展的欲望越来越强烈，课堂上教师的授课压力会越来越大。很多时候教师的课堂互动要么收效甚微，要么学生回答问题词不达意。例如，在讲与顾客洽谈的技巧时，其中有一条，不要直接否决顾客的提议，个别学生会直接说"难道顾客错了还不让说吗？"他们往往会根据自己的个性喜好表达观点，缺乏深入的思考，或者说很少进行深入的思考，更不能总结相关的学习内容。

3）高职教育理念。近些年来高职教育受到了前所未有的重视，因此，这段时间也是高职教育理念发展最为迅速的时段。在课程建设的改革中，经历了学习领域、学习情境、载体、项目、任务等多个新鲜词汇的洗礼，也明确了工学结合、能力本位等先进理念的再教育。因此，如何真正地提高学生的推销实战能力，如何理解促销活动策划和执行过程，实现全新的能力和岗位的对接是《推销与促销管理》课程改革和建设的核心。

2. 课程建设与改革的思路

（1）设计理念和思路。本课程的设计理念和思路是完全按照学生的就业岗位所需要的理论知识和能力来进行设计的。本质上是对学习者在学习了市场营销、营销心理学、市场调研与预测等课程的一种检验。通过该课程的检验，提升学生的基础销售能力和基层的管理策划能力。使之未来能够较好地适应基层的销售和管理工作，更好地实现专业的人才培养目标，提高学生的就业能力。

（2）课程建设与改革的途径。基于我校学生的就业岗位能力需求，本课程对能力的培养按照由低到高主要有两方面：初级任务——销售商品；高级任务——策划管理促销活动。通过对这两个方面知识的讲解和能力的培养，使学生更好地融入未来的工作和学习中，并且对学生的职业生涯规划有更好的帮助。

3. 课程的具体改革和建设

在本课程已经既定的改革思路指导下，主要从教学内容设计上、教学内容的组织与安排、教学设计、教学方法与信息手段的应用、考核方法和考核标准、课程效果与评价、课程教学试点特色与创新七个方面进行了改革和建设。

（1）教学内容设计。在本课程教学内容设计上主要分为低阶内容设计和高阶内容设计两部分。

1）低阶内容设计——人员推销的流程。根据工作岗位的需求，低阶任务是着重培养学生基本的销售能力，因此将该任务设计成某商品的成功销售。而成功销售一件商品则要求学生具备合格推销员的基本素养的同时也应该具备一定的销售方法和技巧。因此根据该任务的要求，教学内容在这一部分主要是按照图 3-8 所示进行。

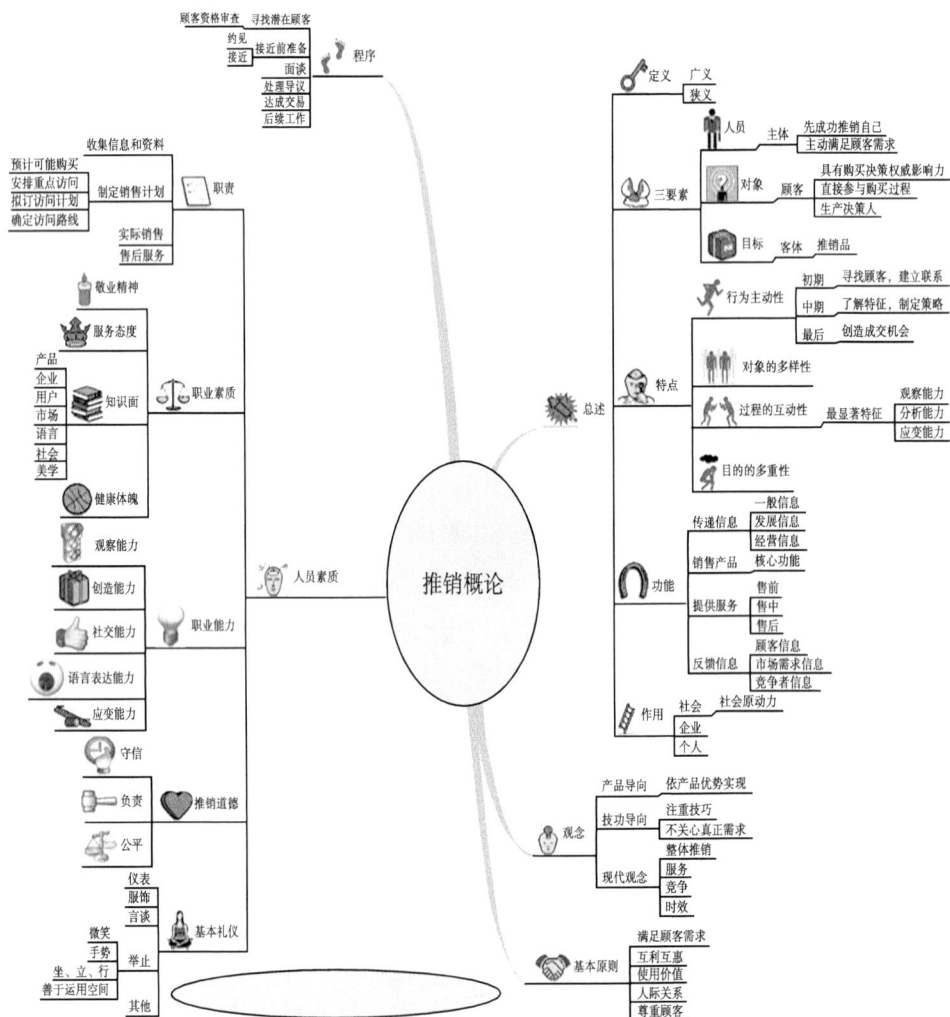

图 3-8　低阶任务流程

低阶内容一方面是强调推销人员自身应该具备的基本素养，另一方面是培养学生树立正确的推销意识和具备基本的销售技巧。

2）高阶内容设计——商业企业促销策划的流程。根据学生进入社会后的职业生涯升迁的变化，为了更好地让学生有一个更高的提升平台，因此本课程设计相关内容以提升学生的未来发展空间为目标。通过高阶任务对一个促销活动进行整体的策划和控制，来培养学生更高层次的能力。作为基层的管理者，具备基本的策划和对促销活动的控制能力是未来提升的必备要求。

要想对一个促销活动进行策划，且对活动执行过程进行控制，就要求基层管理人员必须掌握基本的促销方法和基本的促销步骤。因此本任务中相关教学内容的选取如下：

促销的相关基础内容：广告、人员推销、营业推广、公共宣传。由于在前后相关的课程中已经对广告和公共宣传的设计有独立的相关课程，因此本课程改革的重点内容在于人员推销和营业推广两方面内容。

商场促销的基本策划步骤：设定促销目标；拟定促销策划书；促销活动流程作业规划；预算编制；经费负担；促销的执行与检讨。之所以选取商场作为该任务的载体是因为商业企业的促销活动较为频繁，包含的商品品类较为全面。并且大连商场集团是本校的战略合作伙伴，因此能够在校外的评价力量上给予较强的支撑。

（2）教学内容的组织与安排。通过对实际工作任务的编排梳理，结合目前本校市场营销专业就业岗位的分析，归纳总结概括促销管理所需的相关理论知识和能力，通过基于工作过程的系统化设计，提出了本课程的两个学习情境，构成了本课程教学内容架构。

1）低阶学习内容——商品销售的学习情境教学内容安排。商品销售的学习情境教学内容如表 3-8 所示。

表 3-8　商品销售的学习情境教学内容

学习领域	促销管理		
学习情境	商品的销售	学时	32
学习目标：学生能够树立正确的推销观念，能够独立进行商品推销，掌握寻找顾客的方法，并且能够迅速接近顾客，帮助顾客分析产品的必要性，控制推销过程，解决顾客疑问，协助顾客达成交易			
培养自身素质、锻炼语言表达、沟通等方面的能力 掌握寻找顾客的方法 掌握与顾客沟通的相关技巧 能够独立分析顾客类型，并能快速发展顾客需求 能够迅速解决顾客异议 推销过程的控制能力，善于把握推销成交的时机			

学习领域	促销管理		
学习情境	商品的销售	学时	32
主要内容		教学方法建议	
推销人员的类型；推销人员的素质；推销人员应具备的能力		案例教学法，项目评价法	
寻找顾客的基本方法		考核与评价	
接近顾客的基本技巧 顾客基本类型分析 推销洽谈的方法 如何解决顾客异议 如何判断顾客的成交欲望，把握成交时机		评价方式： 学生自评 小组成员互评 教师评价　聘请专家评价	
教学材料	学生知识与能力要求	教师知识与能力要求	备注
案例 引导性材料 教材	具备市场营销、消费者行为学等方面的理论知识和技能	熟悉市场，了解目前基础销售岗位员工的能力要求	该教学内容依据学生就业单位制定

2）促销活动的策划和控制情境的教学内容安排。本情境设立了两个子情境：

第一部分，常见的促销组合方法——本情境主要用于巩固过往所学的知识，因此设计课时为八课时。在此不做图解。

第二部分，商场促销的基本策划步骤，计划学时 30 学时（如表 3-9 所示）。

表 3-9　商场促销的基本策划步骤

学习领域	促销管理		
学习情境	促销活动的策划和管理——商场促销管理步骤	学时	30
学习目标：学生能够进行促销计划的制订、促销商品的选择、促销过程的控制以及促销海报的设计安排			
设定促销目标 拟定促销策划书 促销活动流程作业规划 预算编制 经费负担 促销的执行与检讨			
主要内容		教学方法建议	
企业常见的促销目标 常见的促销手段 促销策划的基本内容 促销活动的执行过程 促销活动的控制方法		案例教学法，角色扮演法	
		考核与评价	
		评价方式： 学生自评 小组成员互评 教师评价　聘请专家评价	
教学材料	学生知识与能力要求	教师知识与能力要求	备注
案例 引导性材料 教材	具备对促销活动的策划和控制等方面的技能	熟悉市场，了解目前企业促销常用方法及促销计划制订的能力	该教学内容依据学生就业单位指定

综上所述，这两个学习内容的设计是按照从简单到复杂、从低级到高级、从独立到综合序化的教学内容。根据学生的学习兴趣和实际工作的需求出发，教学内容随着学习情境的不同，知识点与技能点的内容也由简单到复杂。例如，在商品的销售情境中，教学内容的设计就是从最简单地对推销的基本认知开始到成为一名优秀的推销人员所具备的素养和能力，最终实现金牌推销员的整个过程。这体现了简单到复杂。第二个学习情境的设计是通过对过往所学相关知识的总结，把过去学习分散的知识点通过本情境的教学贯穿起来，这体现了独立到综合。而两个学习情境之间恰恰是学生职业生涯规划由低到高的过程。

（3）教学设计。学期教学开始即以小组为单位，每一个小组为一个促销小组，设立组长，拟定为企业初级主管领导，其他同学均为一线销售人员，教师为企业相关销售部门主管。通过相关案例、资料的分析整理，使学生完成对第一情境的学习，并根据每个学生的表现情况采取小组成员互评、小组之间互评、主管评价相结合的方式，给予每个学生阶段成绩。

通过第一情境的学习，学生的自身能力有所提高，职业生涯有所升迁，学生的角色由学期伊始的销售员，成长为第二学习情境的卖场管理员。通过这个角色的设定可以完成两个学习情境之间的衔接和转换。小组设组长一名，可以由小组内重新选择或者继续由原来组长担任，这也同企业的职位变化相似，成绩优异者有快速升迁的可能，教师继续担任相关主管部门的领导。阶段性学习成绩的总结由小组内部自评、小组之间互评以及教师给分相结合。

（4）教学方法与信息手段的应用。教学方法与信息手段的应用如下：

1）运用传统与现代的教学方法。首先，改变以往单向讲授的单一模式，采取课堂上师生互动的新格局。每节课前用相关知识案例进行导入，并且让学生参与案例的分析。也可以设计以学生为主体，自己选择案例进行课堂分析，以学生为主体，老师为辅助，帮助实现调动学生学习热情的目标。

其次，充分汲取近年来相关教师对该课程和相关课程进行的课改成果，以体现教学观念的前沿性。

再次，对一些非常有用但原有教学处理不妥的内容做适当的调整，或变换角度，或突出重点，以体现提高学生的自学能力和教学理念的创新意识；还可以以目前国内主流看法作为基础，一切从企业的促销事实出发，以工作过程为基础设计相关的教学方法和手段的应用。

复次，授课举例生动、典型、有个性，叙述清晰、简明、有条理，定义准确，层次分明，解释合理，强调在对比中显示特点，有比较强的可操作性，增加学生的学习积极性以提高学生的课堂参与度。

最后，结合相关实例帮助学生巩固课上所学到的知识和方法，结合课后作业启发、帮助一些比较优秀的学生开拓思路。并且鼓励学生进行课外的自我学习，适当开展校外的促销调查和小研究。

2）充分利用现代信息教育技术。首先，利用实验室和幻灯、沙盘等设施进行基础技能训练、分析训练、洽谈技巧训练等。充分利用多媒体教室授课。

其次，自制优秀的学生设计方案案例集，在适当时间出版用于启发和激励后续学生的学习积极性。

再次，现在的互动方式有很多，既可以使用 QQ、微信等大众聊天工具，也可以自己制作独立的 APP 互动软件，实现随时随地学习和随时随地师生互动的目标。

最后，可以让学生参与制作相关的微课视频或者微课素材，并由学生进行自行设计完成和完善相关的设计作品。这既丰富了本课程的教学案例库，同时也实现了推销与促销管理课程素材库不断更新的需求。

3）加入相关的职业技能类考试内容。现在职业技能院校都要求实施双证制度，结合现有的学习内容可以实现对营销师考试内容的在线试卷库的整理，方便学生平时练习和对知识的巩固。同时既提高了学生的过级率，也更好地巩固了学生对促销相关理论知识的掌握程度。

（5）考核方法和考核标准。本课程考核主要采取阶段性考核及期末考核相结合的方法。

根据学生的成绩主要由三方面构成：平时成绩、期末成绩、特殊任务成绩。特殊任务成绩作为补充考核方式，根据该学期教学过程是否有实施条件和实施过程来进行考核和评价。具体操作方法在相关附件中有所说明。

（6）课程效果与评价。本课从以下几个方面来考查学生的学习情况，并将学生学习的评价融入到各个教学活动过程中：

1）课堂参与情况。坚持以人为本，充分发挥评价的导向和激励功能，注重评价方式多元化和科学化，使学生增强自尊，树立信心，掌握更多的发展本领。大部分学生能自主学习、积极举手回答问题，学生全员参与、全程参与学习。

2）综合性学习方面。在注重结果评价的同时，更注重过程的评价。重视学生课后实践活动的真实有效性。课堂上重视课程资源的开发与利用。

3）整节课大部分学生伴有满足、成功、喜悦等体验，是从教材和学习中得到了生活、情感等方面较深刻的感悟，并能总结学习所得。

4）课后。注重评价主体的多元性，从多个角度组织学生进行自评和互评，所在公司的指导老师评价，学生之间相互评价。开展课堂促销成果心得展示会，在实践中总结自己的技能和知识的提高。

5）设计学生对老师和教学方法的评价总结。一方面增加了学生的主体意识，更好地体现了注重以学生为主体的理念；另一方面为本课程老师发现自身不足，课程有待提高的方面指引了道路。评价总结如表3-10所示。

表3-10　教师评价表

一级指标	二级指标序号	二级指标	分值
教学内容	1	教学目标明确，观点正确，紧扣主题，重点、难点突出	10
	2	学识水平高，教学信息量饱满，注意介绍本学科前沿和发展动态	10
	3	讲授过程熟练，条理清晰，论证严密，语言生动清晰，理论联系实际	10
教学方法	4	采取有效方法，启发学生积极思考	10
	5	因材施教，教学手段先进，教学方法灵活	10
	6	注重师生互动	10
教学效果	7	重视学生能力培养、调动学生学习的自主性	10
	8	培养学生正确的人生观与世界观	10
教学态度	9	备课充分，责任心强，遵守教学纪律	10
	10	为人师表，教书育人，爱岗敬业，尊重学生	10
总评成绩			
对任课教师的总体评价			
说明：（1）在相应栏目内填入你认为教师应该得的分数。 （2）评价等级：90~100分为优秀；80~89分为良好；70~79分为中等；60~69分为合格；60分以下为不合格。			

（7）课程教学试点特色与创新。本课程的特色与创新主要体现在以下三个方面：

1）通过课程内容体系的改革，达到学生学习兴趣和自信心提升的目的。原有的教学体系内容设计过于教条，完全是理论知识的传授，不利于学生课堂积极性的提高，不利于学生课后的自我学习，同时也无法证明学生能力提高的程度，因此在课程的内容体系上做了明显的调整。

在新的课程内容体系中,从学生的就业岗位出发,分析就业岗位人员的知识需求和能力需求,使学生掌握相关的理论知识和技能条件,并且对学生未来职业生涯升迁的岗位进行分析,以更好地实现教、学、做一体化,实现工学结合、学以致用的教学理念。

在教学内容的设计上,采用由简入繁、深入浅出的教学内容,既巩固了原来学习的基础知识,又有进一步的提升,同时也为未来学期课程的学习夯实了理论和实践的能力。

通过对比,发现学生的上课积极性有了明显提高,参与度和热情度都有了极大的体现。并且学生掌握相关知识的速度有了较大的提升,通过小组比赛的设计,学生的自信心有了更好的加强,既证明了自己的能力又完成了相关知识的学习过程。

2) 通过校外实训基地的教学合作,实现教、学、做一体化。在过去两年的教学实施过程中,本校的校外实训基地给予了本课程极高的支持,在目前没有专业实训室的基础上出色地完成了相关的商品销售任务的社会实践活动。通过课程任务的校外实训,学生能够更好地掌握商品销售的理论知识的实践应用过程。同时通过实训基地的校外货币奖励计划,学生在实训的过程中也了解了相关销售人员的激励方式和方法,更好地把相关的任务知识进行了理论联系实际的应用。完善了学生自我知识体系的建立,提高了学生的综合技能,同时也对未来进入社会打下了良好的基础。既提高了学生对实际工作的兴趣,也完成了对所学知识的融会贯通。

3) 通过网络课堂的建立,提升相关能力资格认证的通过率。通过网络课堂,更好地增加了学生和老师的互动机会,并且有助于学生自我学习能力的提高,在网络课堂相关内容的建设方面,特别设立了理论知识练习库。通过该理论知识练习库一方面增加了学生对理论知识的掌握程度,另一方面为学生在第五学期通过国家营销师三级考试有了更好的学习帮助。这也是本课程进行示范校建设后较为突出的一个特色和创新的地方。完美地结合了理论和实际,同时也提高了学生过级率。

4. 课程建设改革的困难与建设的方向

通过前辈们10余年的努力,本课程已经具备较为扎实的建设基础。但在高职教学理念的不断提升、教学辅助工具和手段不断更新的环境下，本课程的建设依然有很多可以继续改进和提升的地方。这也是未来进一步建设的方向。

（1）课程教学改革的困难性。课程教学改革的困难有如下几方面：

1）实现高质量的学生互动难度较大。在平时的授课积累过程中发现，调动学生的积极性，使学生积极地参与课内教学，对于老师和学生来说都是一个极大的挑战。一方面，老师一个人要面对至少30多名学生，完全实现平等的教学对待基本是不可能的；另一方面，学生本身也会受到各种手机游戏或者小说吸引而无法全心学习。

2）实现高质量的评价结果压力较大。在各种评价过程中，针对不同的测验或者课堂互动，如果每次的评价项目较多时，由于各项权重的差异，导致老师的工作内容烦琐，极大地增加了老师的工作量。因此这对授课工作量原本就较大的高职院校老师来说压力更为巨大。

3）实现高质量的教师素质提升差距较大。对于高职院校的老师而言，实践能力是教师授课能力中非常重要的组成部分。而现实工作中，教师本身的授课压力已经很大了，再分出时间参与企业一线的营销工作的机会少之又少。因此，距离实现高质量的教师素质这个目标还有很大差距。

（2）课程建设的方向。《推销与促销管理》是市场营销专业教学课程当中专业性较强的课程。具有非常直接的实践应用性。因此，需要更多具有实践教学能力的老师参与到课程教学过程中来。同时，对于市场营销专业相关课程而言，另一个提升专业能力教学的方式就是资源库的建设，因此，在本课程建设中，最需提升的主要有以下两方面的内容。

1）师资队伍的建设。在促销管理课程的相关实践内容教学中，要求教师有较高的实践教学能力，单纯校内培养并不能很好地实现这个目标。所以，我们可以根据校外战略合作企业的情况申请企业相关员工的帮助和指导，用他们的一线实践经验，来弥补这项不足。

2）资料库的建设。随着科技的进步，教学手段和方法也在不停地变化之中。比如，现在被诸多教育界专家提出的慕课和微课技术。这些技术既可以作为教师教学的手段，也可能成为学生提升学习积极性的方法和途径。

同时由于本课程的特殊性，目前还没有一本完全适应本课程教学的参考教材。因此，积极完善相关教材，也成为了资料库建设的一个重中之重。

六、《营销策划》课程改革的设计与实施

大连职业技术学院市场营销专业建于 1997 年，《营销策划》虽成课较之专业建设稍晚，但课程作为市场营销专业的基本架构的组成部分，内容基本上保持稳定，即如何运用营销策划的相关内容，为营销活动奠定基础。课程在调整教学内容的过程中，也体现着高职课程建设的发展过程:《营销策划》强调运用创意思维方法，明晰营销策划的步骤与程序，体现课程的前瞻性；企业形象策划强调企业形象的重要性，突出课程的实践性；营销策划突出市场营销专业培养的理实一体化的理念，更加接近目前高职教育的理念和形态。

1. 课程基本情况和面临的问题

（1）课程的基本情况。《营销策划》是市场营销专业的一门理论结合实际较强的专业基础课程，开课对象为本校的市场营销专业，是为"营销类"专业学生提供营销策划的基本理论与实践方法的课程。课程研究的是如何通过营销策划的制定影响企业的营销活动，如何运用相关方法分析市场情况，使之成为能够完成的营销策划方案，并为营销活动奠定基础，培养学生以专业的角度对营销活动的案例进行分析与归纳，而不是通过简单的直觉思维去思考问题，全面提高学生的综合分析问题的能力。而提高授课的效果一直是课程建设与改革需要解决的问题，也是课程建设与改革的重要目标。

（2）课程建设中的主要问题。在过去近 10 年的课程建设与改革中，面临的主要问题有三个方面：课程自身的特点、学生学习兴趣与习惯和高职课程建设与改革的整体引导与牵引。

1）课程自身的特点。课程内容中营销策划的相关概念对学生有很大的吸引力，同时，学生作为消费者个体，营销策划中关于个体消费者的关联内容比较熟悉，但是，和其他课程一样，学生对课程中涉及的理论知识兴趣不大。

2）学生学习兴趣与习惯。和其他类院校一样，学生对于专业课学习的兴趣与愿望不甚强烈；学生的"直觉性感知"与非"专业知识性术语"的学习习惯在本课程的教学过程中体现得较为明显。由于营销策划的学习过程中所运用的相关策划案例比较多，容易被学生接受，但学生在分析问题时，多是凭借所谓的经验式及感性认知来进行；又由于课程研究的内容是大家熟悉的，从某些方面来说增加了课程与学生的沟通性，但同时也导致了学生容易"误以为"知道，会出现学

生运用直白的表达进行问题的回应，很难形成以较为"专业的方式、全角度"地对问题进行分析的习惯，课程的优点从某种角度上也成了课程的缺点。

3）高职课程建设与改革的整体引导与牵引。在专业与课程建设的 10 年中，也是高职教育教学改革发展最快的 10 年，高职教育教学理念促进着课程的建设与改革的进程。

课程建设经历过最初的学科教育到各种行动导向的教育教学改革，其中澳大利亚、德国的高职教育对课程建设的影响巨大。前者在课程改革和建设中，主要以模块化教学为主；后者主要是基于工作过程系统化的课程教学。每一次课程建设的改革，都对课程建设提出了一些新思路和新促动，也使课程建设的内容日益丰富和饱满。

如何根据高职教育教学改革的需要进行课程建设，一直是课程建设面临的挑战和压力。以能力本位、围绕岗位能力需要进行课程建设与改革的思想成为课程建设的基本沉淀和核心。

但是，《营销策划》是市场营销类专业课中理实结合较为密切的基础课程，如何在学生学习主动性日益下降的今天，迎合高职教育教学改革的需要，解决课程建设中的问题是课程建设过程中面临的最大挑战。

2. 课程建设与改革的思路

在课程的建设与改革中，主要有两个方面的指导思想，也是课程建设与改革的基础思路。

（1）如何贯彻能力本位的高职教学思想。为了更好地适应高职课程建设与改革的需要，使其更加符合高职教育的要求。最重要的就是如何以能力为本位的教育思想指导课程的建设和改革。

无论从课程内容的选择、课程形态与考核方式等方面，都围绕专业能力培养的标准进行。

以能力为本位课程建设在授课形态上的转变主要体现在课堂主体的变化，即教师由课堂教学的主体变为主导，转为教学形态的导演，而学生成为课堂的主体，实现边做边学，提高学生学习的主动性，提高课堂的教学效率。

（2）如何解决课程建设与改革的主要问题。课程建设所面临的三个方面的主要问题，通过课程教育教学改革，提高学生参与课堂教学和自主学习的热情，提高课程改革的实际效率。同时，特别是根据课程的特点进行教学过程的提升，整合课程的整体资源。

3. 课程的具体改革和建设

在上述课程建设的指导思路下，围绕专业岗位能力的培养，结合本课程的特点以及需要解决的主要问题，突出学生的能力培养，从内容的设计、教学方法、考核方式等方面对课程进行了一系列的建设与改革。

（1）课程内容的选择。在内容的选择上，从课程自身解决学生对理论学习没有兴趣的问题。突出课程的实践性即如何运用营销策划方法，尽量强调对实践的指导意义，提高学生的实践能力，而不是一味追求课程的结构化与理论性，提高学生的学习热情。

《营销策划》是市场营销专业理论性较强的专业基础课程，课程内容的选择除了考虑课程的基本特征外，也考虑到岗位能力的培养，因此，在课程内容的选择上，强调了以市场营销岗位视角上对专业的重构。

市场营销专业根据就业和行业特点，确立了培养目标，使学生掌握市场调查与预测、市场营销、营销心理学、客户满意管理、促销管理和营销策划实务等知识，具有市场调查、销售、客户服务、营销策划等能力，从事市场专员、销售与销售管理、客户服务与策划等岗位工作的高素质技能型人才。

因此，在课程内容的选择上注重了三个方面：一是如何培养学生的创意性思维并将之运用于营销策划活动中，更重要的是要了解营销活动的作用是什么；二是如何进行市场营销调研策划、产品策划、分销渠道策划、产品定价策划、整合营销策划等策划行为；三是如何提高创业营销策划和商战策划等能力，提高学生的综合策划能力。

因此，课程的讲授过程中，主要关注创意性思维培养、营销策划活动、创业策划与实际运用三部分内容。通过课程的学习，使学生能够掌握策划的具体过程和技巧，为适应企业的营销策划工作打下坚实的基础。

（2）教学方法改革。在教学方法的改革上，注重学生对课堂参与教学的改革，提高学生的学习热情。比如，"创意"在传统的讲述中，首先要认识"创意"概念，然后分析培养创意思维的意义以及在营销策划活动中的应用。通过改革，采用了两种主要方式：一是创意性思维的体验，学生通过自己对创意性思维的感知，认识创意是什么，包括什么；二是将创意性思维的种类以较快的方式进行感知并进行快速归类。这些教学方法上的改变极大地活跃了课堂气氛，提高了学生参与课堂的热情。

在课程教学方法的改革上，重大和突出的转变是从传统方式向现代教学方法理念的根本性改变。

由于课程的基础性较强，因此，在改革初期很难纠正以讲述为主的上课方式，即传统的以老师为主体和主导的"一言堂"的教学模式和方式。

在这个过程中，主要经历了三个阶段：

1）被动适应学校的要求，从形式上进行改变。根据学校对课程建设的基本需要，理论与实践的课程各为一半。但是，在改革初期，只是应付学校对课程改革的需要，从形式上进行改变。为了应对各种检查，也增加了一些实践教学的环节，但是这些实践教学形态相对初级，没有体系化。

2）尝试各种形态的实践教学方式。随着高职教育教学改革的深入，尤其原有的教学形态中的各种弊端越来越不适应学生的要求，促使我们不得不采用新的教学方式。

3）全面调整教学方式，增加学生参与课堂的机会，提高学生对课程教学内容的理解。在通过迎合和尝试阶段后，开始寻找用专业的方式，依据课程的特点，进行更多的实践教学尝试，并形成了系统的课程教学体系。

首先，以案例教学方法贯彻始末。由于本课程的研究对象是大家较为熟悉的消费现象，因此，选择典型的消费行为案例进行概念、实践导入，使教学更加丰富。课程使用的大小案例不少于100个，在使用案例教学时，突出注意两个方面的问题：一方面，方便学生理解，从字数、语言习惯等编写上符合学生的阅读习惯；另一方面，强调典型和新发生案例的结合，使学生有更高的学习热情。

其次，增加学生参与课堂的机会，使学生成为课堂的主体。由于经常是在70人左右的大班上课，课堂发言的时间相对会受到一定的限制，因此，将学生分成3~4人的小组，根据讲课的进度，布置作业，学生课下准备PPT，在每次开课的前20分钟，学生根据教师布置的题目，结合小组准备的PPT进行自主讲课，同学、老师一起对讲课的同学进行点评，并指出修改的意见，学生进行修改后并上交PPT作为考核的一部分。这种讲课每个学生基本上都可以轮上1~2次，这大幅度提高了学生的课堂参与度与自主学习的热情。

再次，学生分享收集的素材，特别是比较有趣、有创意的例子与视频。比如，讲述到商品的命名、包装等内容时，布置学生自己收集有关素材，向同学分享这些素材并说明分享的理由；学生收集有趣的案例，可以随时随地地分享在QQ群或微信群中，作为考核记录学生参与讨论的次数，也作为考核的内容。

最后，根据学生自己对课程的理解编制知识树，总结个体对课程的理解。在学习的阶段中，不断地累积专业的概念、知识点等，形成书面的总结，以作业的形式上交。老师通过学生的自我总结，分析学生对概念的理解和应用，随时掌握学生学习状况。在学期末，结合前期的总结和教师的串讲，编制课程的知识树，对课程进行总结，不强调知识树的全面、美观，只强调原创性，这也提高了学生从整体上分析问题的能力。

（3）课程的考核方式设计。通过几年的课程建设，课程考核基本上改变了以一次考核定成绩的做法，注重了对整个教学过程的考核，除了注重知识的掌握情况外，也注意学生学习习惯的养成教育，形成注重能力与习惯养成的考核方式。

考核分为以下几个部分：

日常考核的作业、课堂提问、考勤等，占整个成绩的 20%；自主讲课的考试分为依据学生打分标准的打分平均分数和教师的评价分数，占学生成绩的 40%；日常记录笔记、分享的内容等，占成绩的 20%；阶段性的总结、知识树等内容占20%。

同时，设计一定项目的减分和加分项目。对上课迟到、早退等不遵守纪律的情况，每次酌情扣 5~10 分；对没有理由旷课两次以上的学生，即使是考查课程，也增加了期末的考核，按照理论考核的方法对学生进行考试；对上课发言、分享内容创新性较强等方面给予每次 5~10 分加分；尤其是在收集的素材上、分享在QQ群的内容特色突出、讨论思想比较好的学生给予 5~10 分的加分。

通过这些考核的方式，促进学生不断地形成好的学习习惯。

（4）课程改革与创新。课程的改革与创新有如下几个方面：

1）提高学生参与课堂的积极性，不断使学生成为课堂的主人。在课程的改革与建设中，始终围绕授课过程中的问题，增加实践教学环节，不论是学生自主讲课，还是分享素材等，教师只注重整个过程的设计，让学生不断地自主完成一些任务，使学生自主学习的能力有所提高。

2）考核是对整个过程的考核，学生的互评也加入到考核中，因此，改变了传统考核的缺陷，不再用一张试卷解决问题，而是将学生各个学习环节记录到成绩中，比如，学生记录的课堂笔记、参与的讨论等，都是学生在点滴中进行学习的结果。

3) 针对突出性问题进行有建设性的解决。在分析问题的过程中，针对学生"经验和脱口而出"的学习问题，制定了很多规定。比如，在课堂上进行互动时提醒学生，对于问题不允许马上回答，需运用专业知识思考后运用本课程所学的专业术语进行回答，不要脱口而出；对于营销策划的案例分析不能只是简单地重复案例中显现出的相关内容进行反复说明，因为这些是每个人都会想到的答案，希望学生结合专业对案例进行深度分析；形成知识树就是希望学生能从多角度看问题，使学生能从整体掌握营销策划活动的具体内容。

4) 能力培养成为课程的核心。在授课内容、教学方法等各方面，都强调对营销问题的解决；在评价指标中，也包括对 PPT 的设计水平、表述能力等的考评（见学生互评表）；在每一项考核内容中，都强调"原创性"，其实，就是检查和督促学生自主学习的能力。所有这些都是市场营销专业学生必须具备的综合能力和专业能力（学生相互评价表如表 3-11 所示）。

表 3-11 学生相互评价表

讲课人： 评价人： 时间： 年 月 日

评价内容	相关营销策划对企业营销活动的影响	课程角度新颖、有独立的思考	内容逻辑、层次清晰	讲述过程清晰、有互动、生动	PPT 版面设计合理、美观	总体感觉	合计
分值	30	20	10	10	10	20	

4. 课程建设改革的困难与建设的方向

课程通过 10 余年的建设和改革，基本内容、教学方式与考核方式已经具备了一定的基础，但是，随着微课、翻转课堂等高职教育教学思想和方法的提升，课程的建设依然有很多可以改进的地方，也是下一步课程建设的核心。

（1）多年实践中的改革难度和课程实践实施的难度。在不断实施的实践教学过程中，尤其是对学生进行自主讲课的部分，由于课堂中学生人数众多，因此，如何保障学生能够有充足的时间参与课堂是一个非常大的问题。这也是高职课程改革中的突出问题。

在实施的学生互评过程中，进行平均分数的计算、累积各种学生的工作任务的完成情况等，增加了教师大量的工作量，对于本来就负责繁重教学任务的高职院校的老师来说，也是一个巨大的工作压力和挑战。

由于授课教师的缺乏，教师对实践课程的设计工作量巨大，同时也没有同类课程可以参考和借鉴，教师多是自己探索性地发掘课程资源与设计，因此，设计的任务和难度都是巨大的。如何保持教师的工作热情也是非常困难的问题。

（2）课程建设和改革方向。《营销策划》虽然是一个基础性较强的课程，但是，其内容中多数营销策划的理论与应用还是比较新颖的，在实践中的应用性也极强，如果能形成形式丰富的教学资源库，对辅助课堂的教学和满足学生进行业余时间的学习也是非常好的支撑，因此，课程的改革方向就是不断地建设强大的资源库。

《营销策划》的资源库主要包括以下四个方面：

1）案例库。突出营销策划如何指导营销实践的案例建设。比如，海尔集团的形象策划，怎样通过渐进式的导入策划到最后形成形象策划；各种营销策划手段的案例分类讲解与分析，使学生能更好地用专业的眼光和以专业的角度分析具体的问题。

2）微课。营销策划的很多观点对于学生来说是新鲜的，但是，有些营销策划理念对于学生的理解，特别在实践中如何指导应用，也是较大的难题。设计出较好的微课，帮助学生更好地学习这些规律和掌握这些知识是应用的基础，因此，如何选择这些知识点，并设计出趣味性强、应用性强、便于学生理解的微课库，将是本课程需要改革的重要内容。

3）素材库。素材库包括企业成功的案例，也包括失败的案例，这些素材应该包括企业营销策划、整合营销策划、企业形象策划与岗位策划等内容，比如，产品的价格、包装、命名、商标策划等原始素材，通过直观的素材，帮助学生认识这些因素对消费者心理的影响。

4）学生学习成果素材。学生学习成果素材包括学生制作的PPT、收集的各种视频、制作的知识树等，这些学习成果的积累，可以更好地帮助后来的学生进行学习和分享，很好的学生工作结果对后来的学生也能起到激励和榜样作用。

第四章
高职市场营销专业实践教学的改革与探索

大连职业技术学院市场营销专业从建设至今，始终注意培养学生实践能力的提升，尤其在示范校建设之后，开始深入探索专业的实践教学体系构建，力求通过从专业顶层构建上，系统地提高学生的"动手能力"，从而提高学生的就业能力。

在近20年的专业建设过程中，市场营销专业实践教学的改革主要有四个方面内容：专业实践教学体系的构建、课程的实践教学、顶岗实习以及各种大赛等形态的实践教学开发。由于专业的特殊性，专业岗位能力中的销售能力等都与学生的实践和人际沟通能力等密切相关，因此，特别关注学生的各种社会实践活动的开展，即各种形态的企业实践和社会活动，以提高学生的社会实践能力，使人才培养更加契合企业行业的需要。

第一节　市场营销专业实践教学体系的构建

大连职业技术学院市场营销专业的实践教学改革是随着高职教育教学的改革不断深入和提高的，从知识的体系化教学到目前技能化、实践化体系化的教学主要经历了三个阶段。

一、实践教学体系构建的历程

实践教学体系的构建经历了如下几个过程：

1. 主要示范校建设前期，被动适应学校的要求，从形式上进行改变

根据学校对专业实践教学的基本需要，从形式上进行了一系列的改革。比如，课程名称上的改革，强调动宾结构的课程名称，增加了课程的实践，将专业课程"一分为二"，即理论与实践的课程各占一半，等等，实践教学的方式还是停留在案例教学上，企业实践停留在参观、企业行业专家的讲座等。这些实践教学形态相对初级，没有体系化。

2. 示范校建设初期和建设过程中，尝试各种形态的实践教学方式

随着高职教育教学改革的深入，尤其是感受了原有的教学形态中各种弊端越来越不适应学生要求的深刻撞击，促使我们不断地采用新的教学方式。比如，学生在就业过程中的适应速度问题以及企业提出的学生培养的问题；学生对理论化教学的接受能力越来越低，形成课堂的"低头族"和"手机族"等问题。专业开始尝试规划实践教学，比如，针对专业核心能力培养设计的独立实训，针对职业素质培养开展的大赛等，开始了以能力为核心的实践教学改革，增加学生自主学习的动力，提高学生对知识和技能的理解和应用。

3. 从示范校建设后，开始全面、系统地开展实践教学

从顶层构建的角度规范专业的实践教学体系，从整体上规划专业的实践教学，发挥整体的作用，提高人才培养水平。从理实一体的课程建设、独立顶岗实习实训设计和开展大赛等方面进行实践教学，围绕专业核心能力的培养设计实践教学，提高人才培养的效率和效果。

二、实践教学体系构建

为了更好地培养高素质技能型的市场营销专业的人才，提高学生的职业素质和职业能力，专业从构建实践教学体系出发，从整体上进行开发和设计。

1. 实践教学体系的构建

（1）岗位与岗位能力分解。在原有专业建设的基础上，经过充分的市场调研、毕业生调研、同行调研，结合大连市经济发展和专业所服务的商业、零售业等产业发展的特点，首先梳理了专业对应的就业岗位，然后进行岗位能力分解，并围绕岗位能力的培养，设计和选择理实一体的课程，形成了岗位能力分析表和对应课程表，此表见第一章第四节第二部的表1-3。

（2）围绕一个岗位进行实践教学设计。在进行了岗位、岗位核心能力的分解

之后，围绕岗位能力的培养，设计了理实一体的课程、独立实训、顶岗实习等实践教学环节，并通过第二课堂等的设计和实施，提高学生的职业能力和岗位能力，从整体上，围绕岗位能力的培养，既运用校内的实践教学，也包括了行业企业岗位的认知实习、实训活动。具体的设计如图4-1所示。

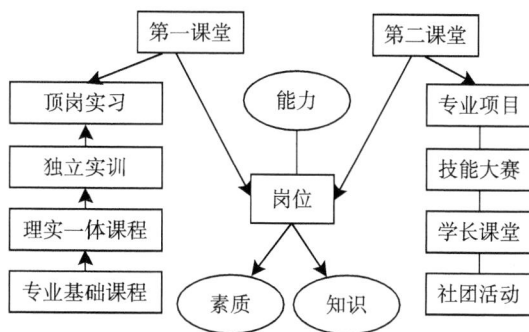

图4-1　实践教学设计过程

在实践教学体系的设计中，主要体现了以下实践教学思想：①实践教学体系主要是围绕岗位需求的能力、素质和知识的培养需求而进行。②实践教学体系的内涵丰富，包括了第一课堂和第二课堂的设计，尤其市场营销专业的实践能力要求更为广泛，所以第二课堂的设计尤为重要。③每一种形态的设计包含了丰富的内容和形式的教学，用丰富的教学形式提高学生的职业能力。

（3）将对应岗位的实践教学进行排序，形成了市场营销专业的实践教学体系。在市场营销专业学生的就业岗位中，虽然市场专员（市场调查）、销售与客服的岗位、策划岗位在就业中是并行的岗位，但是按照岗位知识体系形成的角度来说，还是有先后顺序关系的，通过分析，根据知识的先后关系，进行了排序，因此，实践教学体系也要考虑到这个顺序，即按基本企业认知、调查、销售、策划以及岗位的综合提升的顺序进行实践教学，方便学生在认知的基础上，能更好地适应岗位能力的递进培养。

2. 实践教学体系的特点分析

（1）围绕每一个岗位能力培养，形成了系统化的实践教学体系。以理实一体课程为基础，独立实训为综合训练和提高，技能大赛为第二课堂学习，作为实践教学体系的补充部分，对实践教学进行综合检验、提升。

以市场营销专业的市场调查类岗位为例，首先，基础课程学习是认识企业管理与营销调查活动的基础，其课程包括企业管理、市场营销基础和实务、营销心理学等内容，并进行 ERP 实训，辅助 ERP 社团、第二课堂的活动等；其次，设计针对岗位的理实一体化的课程，主要包括统计、市场调查与预测课程。为了更好地实现岗位能力的培养，设计了三周的独立实训，完成一个市场调研的项目和实习。辅助的第二课堂设计有社团活动、技能大赛等，提高学生的职业能力和素质；最后，设计的顶岗实习，在企业真实的岗位上进行实习和总结，从认识、技能上都能有所提高。

（2）"以赛带练"，丰富了第二课堂，促进核心技能的掌握。每一个岗位能力培养中，设计的相对应的大赛项目丰富了学生的第二课堂学习，学生除了在课堂、实训中学习和掌握专业技能外，更重要的是通过课余时间组成团队，进行交流、学习和训练。

以市场营销专业的 ERP 大赛为例。通过企业沙盘，模拟企业实际运行情况，让市场营销专业的学生在比赛中体验完整的企业经营过程，感悟正确的经营思路、各种市场策略的应用等，学生五人一小组进行对抗比赛，使学生懂得在市场经济条件下企业公平竞争的挑战性，了解企业财务管理的基本原则和方法，更为同学们今后走向就业、创业的道路积累经验。

实践证明，学生为了参加比赛，获得好成绩，积极地进行课后练习；在沙盘社团的组织下，每周参加网赛，经常性的进行小组对抗和比赛，讨论并总结分享经验；除了课堂上的竞赛外，参加学校组织的专业赛事、省级赛事等，使学习延伸到课下，提高了学生的学习热情和态度，促进了对核心技能的掌握。

（3）除了第一课堂的实践教学外，更注重开发校外实习实训的项目，促进学生在岗位实习中提高技能和综合素质。以推销技巧实践技能培养为例。在针对该岗位能力培养的实践教学体系的设计上，除了在校内开发设计项目外，比如，推销技巧的理实一体化的课程、以社团为主体的活动（在校内进行的各种销售尝试活动）、技能大赛设计等，也注重校外实践项目的开展，积极培育校外实训基地，推动学生的岗位实习。在过去的近 10 年时间内，本校积极建立与大连宝胜国际的合作，借助企业"十一"、"五一"等热点促销季节，组织学生运用 2~3 周的独立实训时间进行岗位实训。学生在实践过程中，认识了促销的各种理论问题，在实践中对这些问题进行总结和思考，提高了学生的职业技能和就业能力（具体内容见附件中的校外合作案例）；在进行"陌拜项目"的实践中，积极促使学生进入企业，就自己感兴趣以及实践项目要求完成的内容进行企业的拜访，促使学生学会怎样在陌生的条件下"破冰"，练习在这个过程中的各种技巧，提高了学生的职业素质和能力。

三、强化市场营销专业实践教学的保障体系

为了更好地实现实践教学的目标，学院从三个方面完善实践教学体系，保障实践教学的实施。

1. 校内外实训条件建设

围绕市场营销专业的岗位能力培养建立校内外实习实训基地。在过去的几年中，对市场营销专业主要强调对校外实习实训基地的开发，建立了以商业零售业为主的大商集团、宝胜国际等大连知名的商业零售业企业的实习实训基地，满足学生的岗位顶岗实习实训要求，并为后续的就业奠定了基础，成立了"大商"、"宝胜国际"等订单班。

为了更好地开发专业的就业岗位和岗位能力培养，注重开发了其他校外实训基地：一是地产行业，以中原地产公司为主。随着房地产行业的快速发展，销售等岗位的需求增加，为了扩大专业的就业范围，为学生提供各种实习实训，尤其是为了满足假期的学生实习需求，开发了中原地产公司为主的房地产企业。二是由于这几年互联网公司的蓬勃发展，因此，也开发了互联网公司，主要以"58同城大连公司"为代表，提高学生在互联网公司就业的能力。总之，专业为了更好地满足地方经济发展的需要，不断地随着地方经济的变化，开发各种行业企业，增加专业对社会的服务能力。

随着这几年专业建设的发展，互联网技术的兴起以及对人才需求的变化，也开始注重校内实训基地的开发和建设，使其服务于岗位技能的培养。由于互联网技术的发展，网络营销课程成为一个非常重要的专业课程。为了提高理实一体化的授课效果和学生的职业技能，增加了网络营销的实训室，主要是软件的建设；市场营销专业的学生营销的综合技能一直是学生的"短板"，为了提高学生的综合技能以及营销策略的应用能力，建立了市场营销综合技能实训室，主要也是软件的建设；为了提高某一技能的培养，也增加了一些实训模拟软件，比如调查等。

总之，专业依据地方经济的发展和岗位需求，结合专业的特点，不断地进行校内外实训基地的开发，满足各种实践教学需求。

2. 规范和强化实践教学的管理

为了更好地提高实践教学的效果，除了遵守学校的各种制度外，更注重实践教学实施的过程管理：前期设计、过程实施与效果评价。

注重前期设计的规范和管理。为了提高实践教学的效果和效率，注重前期的设计和规范管理，主要有以下几方面的工作：①注重实训项目开发的引导和论证，结合专业特点、实习实训条件的要求，进行实习实训项目的开发。②规范实训项目开发的文件，按照实训项目设计的要求进行开发和设计。③按照学校的要求，规范实践教学开展的各种文件和教学文件。

加强实践教学过程的管理。主要按照学校整体要求进行教学过程管理，另外，专业也注重过程的监控，比如，学生在校内实训的实施情况，强化校外学生参加实训的各个环节的监管和控制；在校外顶岗中，注意企业给学生安排的岗位、时间等，关注实习实训与前期设计的吻合度。

为了提高实践教学的效果，学院从实践教学落实、执行过程进行了规范管理，制定了各种流程，并规范其文件，其主要针对独立实践教学环节。具体如图4-2~图4-5所示。

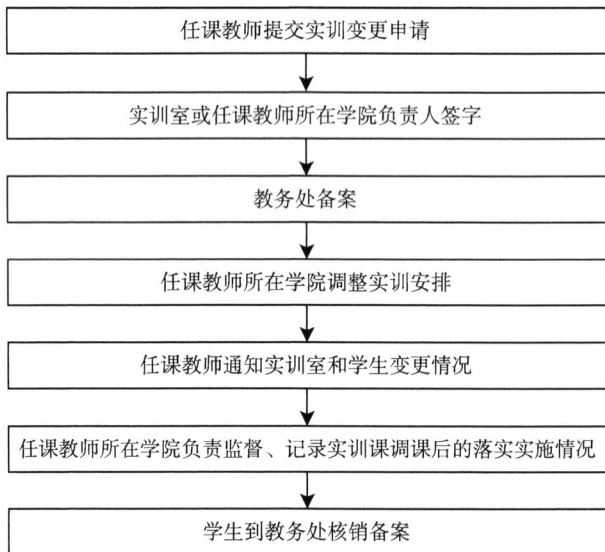

图4-2 独立实训课程调整申请流程

实习前
　　教务处下达教学任务安排通知，学生所在学院根据实训教学任务落实流程安排实训教学任务

　　任课教师接受实训教学任务

　　任课教师根据教学计划、教学大纲及课程表制定出实训教学任务书（附录二：附表 2-1）和实训教学进度表（附录二：附表 2-2、附表 2-3）报实训室负责人平衡，报本学院负责副院长审批

　　任课教师根据实训项目填写实训耗材使用计划表（附录二：附表 2-4）报本学院审核、汇总

　　学院汇总，报本学院领导确认，统一编制实训耗材总汇明细表（附录二：附表 2-5），连同实训耗材使用计划表报教务处实训科审核

　　教务处审核，院领导审批　　　　　　任课教师按照实训教学任务书和实训教学进度表准备教学

　　学院按计划采购所需耗材

　　开学后第一周学院副院长确定实训室周课程表（附录二：附表 2-6），任课教师上交实训教学任务书和实训教学进度表给教务处实训科以及教学督导

　　任课教师准备实训　　　　与实训管理员办理耗材领取手续

　　　　　　　　　　　　　任课教师准备实训所需的软硬件、耗材

实训中
　　任课教师准备实训　　　　进行学生考勤、安全教育和检查学生预习情况

　　　　　　　　　　　　　讲解实训内容及实训有关注意事项

　　　　　　　　　　　　　指导学生实训并处理在实训过程中所遇到的问题

实训后
　　课后整理　　　　　　　填写实训室使用记录、实训设备使用记录

　　　　　　　　　　　　　任课教师安排学生整理实训软硬件和实训室

　　　　　　　　　　　　　任课教师与管理员进行全面检查，任课教师将所借设备及剩余耗材送还保管室，办理还料手续

　　任课教师评定成绩　　　　批改学生实训报告

　　　　　　　　　　　　　按考核设计进行实训考核

　　上网登录成绩，上交成绩单，课程分析等资料

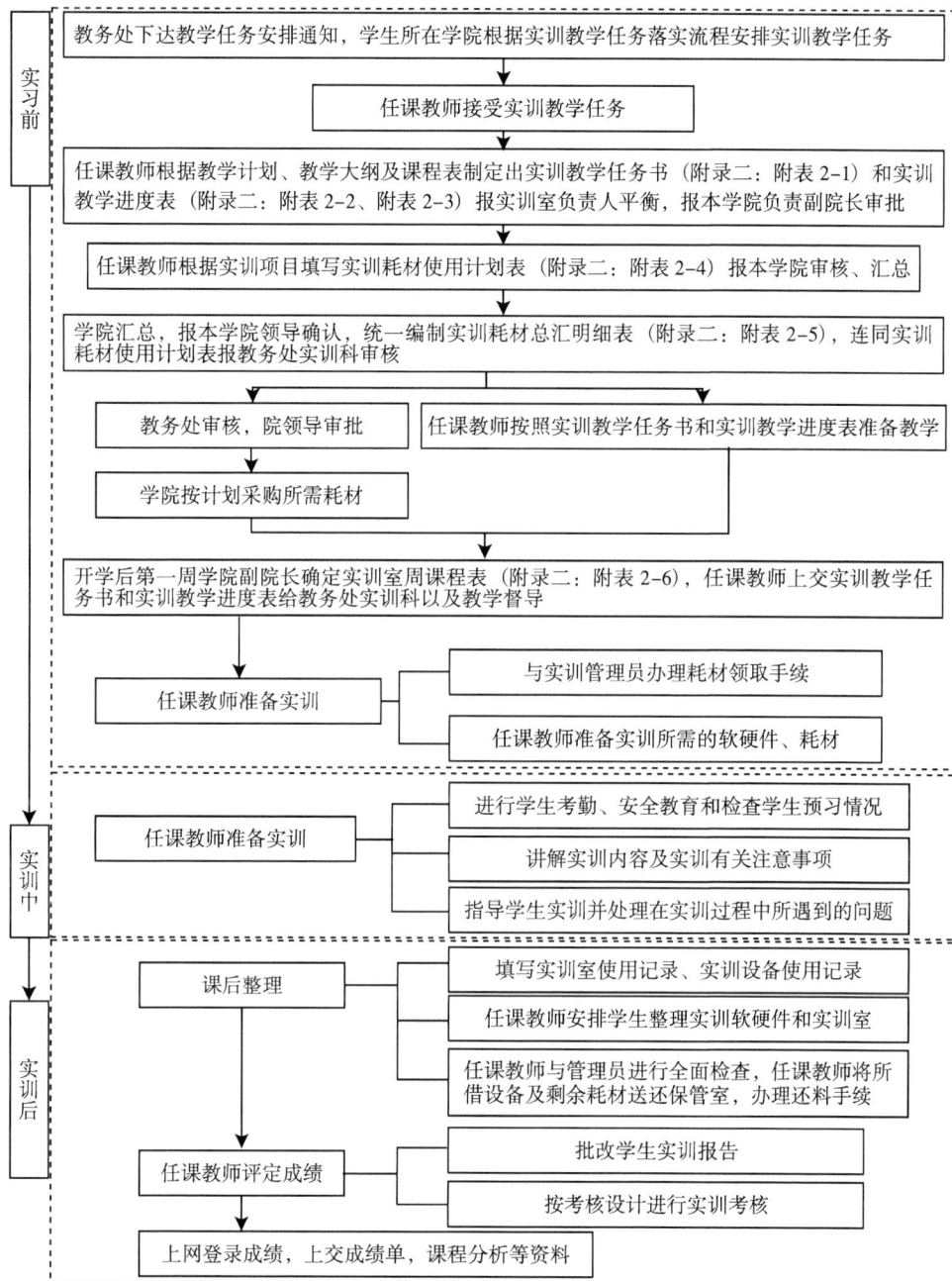

图 4-3　校内实训（习）教学工作流程

| 实习前 | 教务处下达教学任务安排通知，学生所在学院根据实训（习）教学任务落实流程安排实习 |

任课教师接受实习教学任务

任课教师按照教学大纲确定实习内容，编制实习任务书（附录二：附表2-1），报专业主任审核，本院副院长审批，教务处实训科和督导备案

集中实训：任课教师落实实习接收单位，实习生食宿及交通。与实习单位签订《校企合作协议书》

分散实习：学生填写《分散实习申请表》（附录二：附表2-7），本学院填写《分散实习汇总表》（附录二：附表2-8）

任课教师给学生发放实习任务书，做实习动员；安全教育

实训中

任课教师与实习单位指导教师共同对学生实习进行指导

企业对学生进行安全教育

对学生进行考勤，检查学生实习情况

指导学生在实习中遇到的问题

与实习单位共同做好实习学生的考核鉴定工作

实训后

任课教师

带领学生安全返校（集中实习），收交实训总结

批改实习报告并评定学生实习成绩

做好实习经费的结算，报学生所在学院审批，对学生公示

上交成绩单、实习总结等教学文件

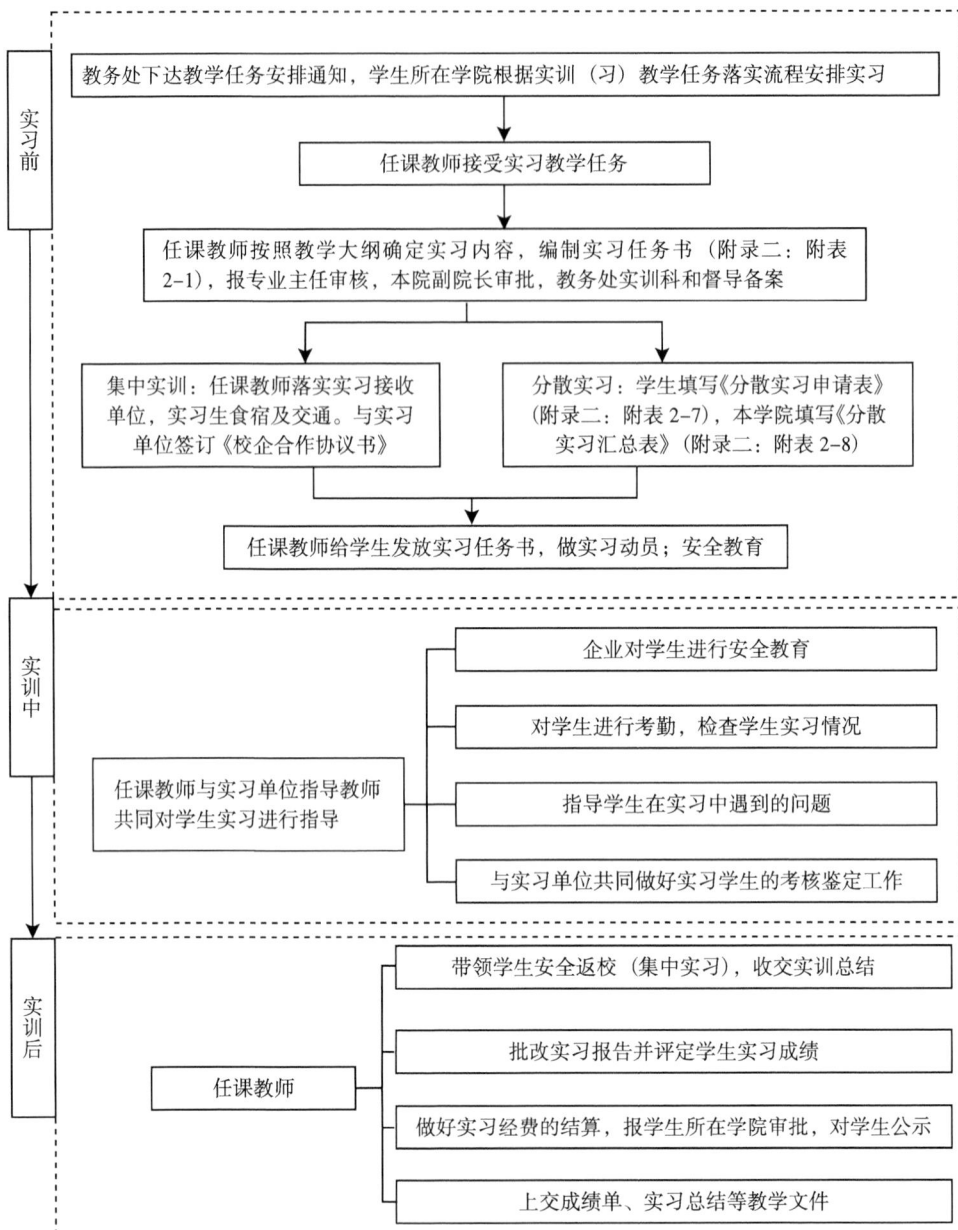

图4-4 校外（独立）实训教学工作流程

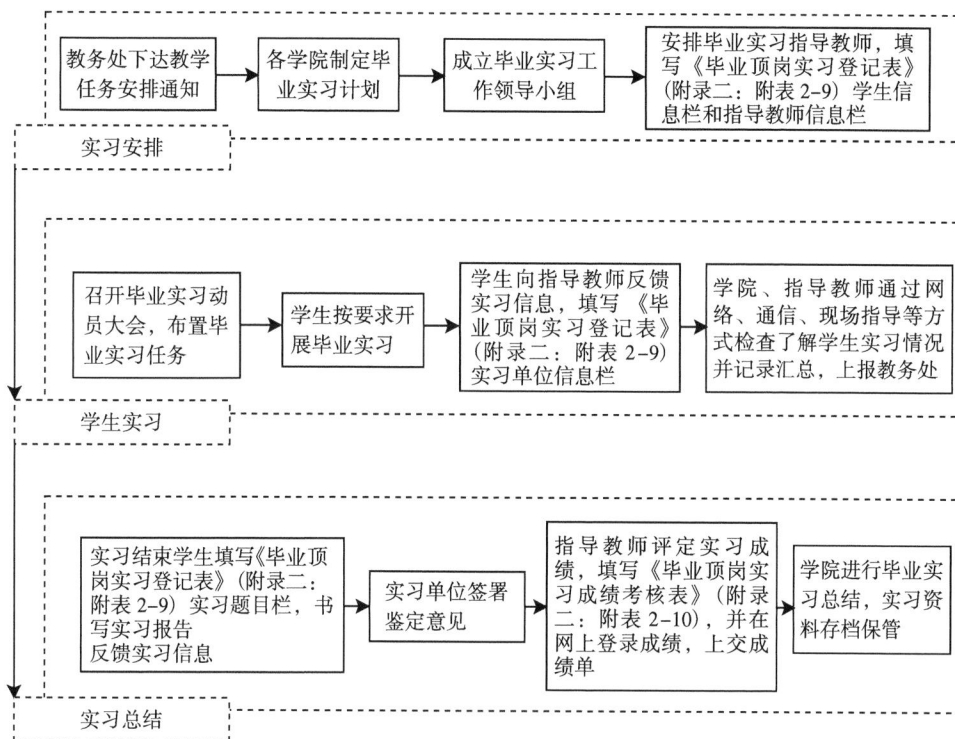

图 4-5　毕业实习教学工作流程

为了更好地推进实践教学，对教学文件进行了规范，使教学按照规范的设计进行，尤其针对课程的实训、独立实训等项目在设计上进行了有效的规范（具体见本章第四节内容），同时根据学校对实践教学的管理，进行日常检查、监督和考核（具体见附录二中的附表 2-1~附表 2-10）。

强化结果的考核。针对实践教学体系的四个层次，确定的考核内容与考核方式也不相同。理实一体课程的考核内容主要是基础理论与基础技能，强调够用为度，考核方式是理论考核、过程考核和操作考核；独立实训的考核内容主要是操作技能以及职业素质，考核的方式主要是操作考核和过程考核；技能大赛的考核主要是核心技能与团队合作能力，考核的方式主要是操作规范考核和团队考核；顶岗实习则按照企业管理的标准进行考核，凡是在企业的管理过程给予扣钱等项目的内容都是最终考核的依据，对企业终止实训的学生，除了特殊情况的，在实训成绩上都记为零分，不予补考。

3. 师资队伍建设

为了使实践教学更好地贯彻和落实，积极探索师资队伍建设的路径，注重提升教师的实践能力以及职教能力。

教师定期进行岗位实践和挂职，对岗位技能、知识等进行实践和学习，或者针对企业和岗位编写实践教学案例，使教师的实践水平保持和企业发展一致；注重教师职教能力提升，通过定期集体研讨、同行以及海外学习等方式，使教师在实践教学设计、实施和考核等方面保持与岗位能力需求的一致，保障实践教学效果。

第二节　市场营销专业的校内实践教学改革实践

在近 20 年的专业建设中，尤其是示范校建设后的期间，在专业的校内实践教学中，进行了各种改革，其主要有三个方面：课程与独立实训的教学规范和实训项目的开发、以赛促练的大赛项目的开发和实施、丰富的第二课堂实践教学形态的开发。

一、理实一体化课程的实践教学项目开发的标准化（具体见本章第四节实践项目开发案例）

从示范校建设之后，围绕专业岗位能力培养的理念已经深入人心，实践教学形态和方法也层出不穷，针对课程围绕岗位能力实践教学改革的探索也日益成为日常教学工作的一部分。

通过长期的教学实践，更加关注项目的标准化建设和实施，主要从下列内容规范理实一体化课程的实践教学项目的开发。

1. 项目编号

项目编号包括其所属任务大类、项目类型以及在本项目中的序列，突出实践教学项目的序列和体系化，注重课程实践教学项目的系列化开发，形成教学的常规和常态。

2. 实践教学目标与重点

突出每一个实训项目的教学目标，尤其要强调实践项目的开发和实施主要服务专业所对应的岗位与岗位能力的培养，更加明确实践教学的目标；突出完成本次课程的目标以及对后续课程的作用等；分析每一次实训项目的重点以及面对重点问题的实践解决的办法，使实践教学更加清晰。

3. 实训方法建议

只建议实践教学方法可以更好地按照规范进行操作，不拘泥于某一种具体的教学形式，仅在方法上进行指导，比如，任务驱动、小组分工协作法、讨论式教学法等，给实践的授课教师留下了空间，可以重新对课程进行具体的设计，采用多种教学方法，灵活地调整教学，达到教学目标。

4. 实践教学的辅助条件和要求

实践教学的辅助条件可以使实践教学能够更好地完成，并做好前期的准备，比如，场地和教室、教具、辅助人员等要求，使教学更顺利地进行。

5. 实训任务

明确任务的内容和要求，使教师、学生在课前、课中以及课后都能明确各自的任务，使学生能够更好地完成任务。

6. 实践教学的步骤（程序）以及过程中应注意的事项

要明确实践教学过程的组织、主要做法、所需时间等，使实践教学能够顺利进行，体现教学的规范性。同时，对过程中容易出现的问题进行提示，使教师的教学准备更加充分，比如，在仓储的实训中，当学生操作过时等，通过规范可以在实践教学前给学生以提示，使教学过程更加有效，也能保持授课的时间。

7. 考核的方式和考核标准

对实践教学过程进行考核方式的设计，其目的是为了检测实践教学效果，主要有三个方面的作用：一是考核对实践教学项目所服务的知识点、技能点等辅助的有效度，即是否能真正地、准确地、有效地反应知识、技能点；二是教学过程的效果，学生是否真正掌握了教学内容，实现课堂教学目标；三是学生也能通过自主的测试，了解教学目标，当在课堂教学无法进行操作时，也可以通过课下的学习，检测自己的学习。

这些规范化的实践教学设计要求，从根本上解决了实践教学随意性强的问题，提高了实践教学的规范性和科学化。

二、"以赛促练"的大赛项目开发和实施

市场营销专业从 2006 年就引进了企业管理的 ERP 沙盘实训项目，开始对经管类专业的学生进行沙盘的实训；2009 年通过示范校的建设又引进了企业管理的电子沙盘，除了进行企业管理类的理实一体化的课程教学外，还进行了两周的独立实训，通过实训后，在学院内进行技能大赛，选出大赛中的优胜选手参加省赛和国赛。在过去的几年中，学生为了更好地提高成绩，以 ERP 的专业社团组织日常的训练，提高了学生的学习热情和参与度。

为了提高学生在市场营销方面的综合技能，从 2012 年开始，学院又开发和设计了市场营销的专业技能大赛，二级学院每年组织一次比赛，比赛前 1~2 个月，在社团内讲解和培训大赛的项目规则，分阶段进行初赛、复赛与最后的决赛，学生在整个营销活动的设计、组织以及在答辩过程中，提高了市场营销的综合技能。

除了每年都要进行的专业技能大赛外，还根据当年发布的各种专业技能大赛，组织学生参加，提高学生的职业素质和技能。从 2012 年开始，浙江倍腾软件公司组织的网络市场营销技能大赛，就积极组织学生参与；2014 年，百度公司针对网络营销的技能进行了网上竞赛，我校近 200 多名学生参加了初赛，最后有选手进入了决赛等。通过积极开发和参与专业技能相关的大赛，提高了学生参与学习的热情。

三、丰富的第二课堂的教学开展

在本次的专业标准的建设过程中，构建了丰富的第二课堂教学，除了提高学生的专业素质能力外，更有效地辅助了职业技能的培养。目前专业内安排的第二课堂活动主要分为专业能力和专业素养两个模块共五个部分（如表 4-1 所示）。

表 4-1　第二课堂活动安排

模块	第二课堂活动名称	提升能力	提升素质	建议安排学期
专业能力	ERP 企业经营沙盘模拟大赛	企业经营战略规划能力 企业财务预算和成本控制的能力 计划、组织协调和控制企业的管理能力 团队合作能力	全局观念、客户导向执着、坚毅的精神	第二学期

模块	第二课堂活动名称	提升能力	提升素质	建议安排学期
专业能力	以创新项目为依托的"陌拜"项目的实施	核心专业能力 客户拜访的能力和技巧 学生就业能力	能在压力下保持良好工作状态 解决本专业实际问题的能力 专业学习能力	第三学期
	企业冠名市场营销实战大赛	市场调查与分析能力 市场开拓与商务能力 根据产品特点，有效推销的能力 销售成本预算能力 营销策划能力 客户咨询与服务管理能力	进取心，富有开拓精神 工作主动性，自信心 风险防范意识	第四、第五学期
专业素养	文化沙龙、读书报告会	口头与书面表达能力	文化素质 心理素质 商务礼仪	第一、第三学期
	名师讲堂、优秀毕业生分享会	沟通能力 理解与执行能力	职业道德 工作热情	第二、第四学期

除了大赛项目外，还有以创新项目为依托的"陌拜"项目的实施。在市场营销专业建设过程中，申报了校级的教育教学创新项目——"陌拜"能力培养的项目设计与实施，结合创新项目的课题，将创新项目设计中的三个方面的训练项目（即"陌拜"能力的心理构建、"陌拜"基本技巧与能力的建立、"陌拜"特殊项目——电话营销能力培训项目设计）应用于学生的第二课堂实践中，服务于学生的专业能力培养，提高学生进行客户拜访的能力和技巧，从而更好地适应营销以及相关的工作，提高学生就业能力。

参观企业、学长课堂，等等，都从不同的角度丰富了第二课堂的实践教学，更好地辅助了第一课堂的实践教学。

第三节　校外实训基地的建设

市场营销专业学生的就业岗位，如销售、市场推广、客服等工作，都是与"人"打交道的工作，对学生的创新能力、沟通能力、团队合作能力以及为客户服务的意识等要求都很高，除了校内的各种教学外，更需要在实际岗位的实习实训中，培养学生的职业素质和职业意识，因此，市场营销专业在过去的几年建设中，主要关注的是校外实习实训基地的建设，以提高学生的职业素质和能力，提高人才培养的质量（本章第四节中的"校企合作实践案例"是校外实训基地建设的尝试和实践的总结和提炼）。

一、市场营销专业校企合作的问题

在市场营销对应的诸多岗位中，销售通常是学生进入企业的首岗，也是最能锻炼和培养学生的职业素质和能力的有效途径。虽然能够提供销售岗位的企业诸多，但是在实际操作中有以下三个方面的主要问题：

1. 学生数量与企业同时提供的岗位数不对等

通常情况下，市场营销专业的学生在 80 人左右，要在统一时间进入企业进行销售实习，多数企业很难提供如此多的实习岗位，如果寻找多个企业，用人的时间又不集中，企业同时提供的岗位数与学生数不容易对等，安排统一的岗位实习相对较难。

2. 学生素质与企业岗位需求的不对等

由于进入企业真实的岗位进行销售实习，通常较为规范的大企业都有用人的标准，比如，身高、外表等，并不是所有的学生都能满足企业的需求，一些学生因为各种原因很难进入岗位进行实习，但作为独立实训项目，必须安排每一个学生具有实习岗位，实现教学目标，因此，很难与企业达成全部接受的协议。

3. 教学管理规范要求与实习需求的冲突

教学任务通常在学期开始前几个月就已经确定，企业促销活动时间不固定，实习周的确定就必须保持一定的灵活性；另外，学生进行销售实习时，多数进入的是商业零售业，其工作时间与学校的作息时间不能保持一致，如何协调学生在作息中各环节与学校规范管理的矛盾成为实习中令人头痛的问题。

二、市场营销专业校外实训基地建设的尝试

1. 广泛地开发校企合作单位

为了更好地满足专业校企合作和实习实训的需要，积极广泛地开发校企合作单位。每个教师、专业主任、主管校企合作的院长等，利用各种资源开发校企合

作单位，根据企业的类型等确定合作的内容和方式。比如，销售零售业主要合作的方式是学生的岗位实习、第二课堂的学生兼职等；对一些比较特殊的企业，软件企业等，首先进行的是教师的挂职、校企共同开发实训项目等，逐步向学生的实习就业过渡。

在开发中，注意行业的发展趋势，不断开发新兴的行业企业，比如，目前的科技公司、58同城等互联网类型的公司，扩大学生的视野和就业面。

2. 精心培育重点企业

为了更好地促进校企合作的深度融合，对重点企业精心培育，加强与企业的联系，在双赢的基础上，不断地促进企业参与人才培养的过程。比如，在与大连宝胜国际的合作过程中，一开始就是在企业促销用人时，学生可以参与顶岗，但随着合作的深入，企业不仅用人，也参与育人之中。企业人力资源的老师给学生分享企业用人的标准和现代人力资源的趋势，在实训结束后，企业就实习过程中表现好的学生给予一些奖励，给实习优秀的学生发放一些学生喜欢的体育用品，这些都促使合作不断深化，到目前为止，已经成功地举办了三届订单班，培育成功就业的学生也越来越多。

3. 调整教学管理尽量满足企业的需求

在合作对等的基础上，也尽量地调整教学的管理以满足企业的需求。在过去的几年中，为了促进校企合作的开展，"实训周"的管理是动态的，按照企业需要的时间进行调整。

由于目前的服务营销是一个很重要的营销内容，单纯的理论授课很难满足教学的要求，因此，开设了服务营销的教学项目，聘请企业人员进行讲授企业自身在服务营销上的一些做法，由于是项目教学，安排的时间就可以较为灵活，根据企业专家的时间安排项目的教学，等等，这些都促使校企合作更好地开展。

第四节　实践教学项目开发案例

一、《市场调查与预测》实践教学项目

1. 项目编号

项目编号标注为×××。

2. 具体方案

《市场调查与预测》分为网络调研任务实训（如表 4-2 所示）与校园（实地）调研任务实训（如表 4-3 所示）两部分。

表 4-2　网络调研任务实训方案

主要服务岗位与专业技能	主要服务岗位：网络调查员 专业技能：网络调查		
教学模块	网络调查法	授课教师（需要辅助教师否）	否
授课班级		参考课时	10
训练目标 通过在网络上选择合适的搜索引擎，完成网络调查			
教学重点 （1）网络数据的收集 （2）调查数据的整理 （3）调查方案的撰写			
实训方法建议 （1）任务驱动，教、学、做一体化 （2）小组分工协作法 （3）全程互动教学 （4）讨论式教学法 （5）启发式教学			
实训地点	机房		
实训工具	小组每人一台计算机		
实训任务 运用网络调研法分析今年市场营销专业学生的就业前景，并提出合理的建议			

续表

实训步骤（过程）	工作任务	教学组织	课时
资讯	（1）给定调查题目以及不同题目的背景——请结合辽宁省经济的发展、辽宁省市场营销人才的需求情况，探寻未来"十二五"期间辽宁省市场营销专业毕业生的需求情况	接受教师提供的资讯	0.5
	（2）人才需求的具体项目	师生共同探讨人才需求包含的具体项目	1
实训	（1）小组分析目前辽宁省共有几个市，通过抽签选择一个市进行调查 （2）确定人才需求的项目，完成网络调查的调查表格，提交给教师 （3）小组确定调查的搜索引擎 （4）每人完成 8~10 家企业招聘信息的收集 （5）对收集的数据进行整理分析，形成调查结论	（1）小组商定工作计划，进行工作分配 （2）按照制定的工作计划进行工作 （3）与教师进行沟通协商	8.5
操作过程中应注意的问题	（1）教师需要随时监督各组的完成情况 （2）整个小组选择的搜索引擎必须一致 （3）小组寻找资料注意样本的集中与分散性要兼顾		
评价表	小组成绩评价表		

小组成绩评价表

考核标准	分值	得分
小组搜索引擎选择正确	20	
调查表格全面合理	30	
调查公司多	30	
数据说明有统计图表	20	
合计	100	

小组成员个人成绩评价表

小组成员 个人成绩＼小组成员姓名	优	良	中	及格	不及格

个人最终成绩 = 20% × 个人成绩 + 80% × 小组成绩

表 4-3　校园（实地）调研任务实训方案

主要服务岗位与专业技能	主要服务岗位：调查员、访谈员 专业技能：市场调查内容及项目的确定、市场调查问卷的设计		
教学模块	校园（实地）调研任务	授课教师（需要辅助教师否）	否
授课班级		参考课时	20
训练目标 通过在校园实地完成市场调查工作，培养学生根据委托的调查项目完成市场调查工作的能力			

143

教学重点
(1) 市场调查问卷的设计
(2) 调查数据的整理
(3) 调查方案的撰写

实训方法建议
(1) 任务驱动，教、学、做一体化
(2) 小组分工协作法
(3) 全程互动教学
(4) 讨论式教学法
(5) 启发式教学

实训地点	机房，校园内部
实训工具	小组 2~3 台计算机

实训任务
学生以自由组合的方式分为若干小组，每组 6~8 人，设组长 1 人，小组自选项目或从教师提供的题目中选择一个题目，确定市场调查的内容和项目，并完成一份市场调查问卷的设计，将问卷进行发放，并对调查的结果进行整理与分析，完成市场调查项目

实训步骤（过程）	工作任务	教学组织	课时
资讯	(1) 给定调查题目以及不同题目的背景	接受教师提供的资讯	0.5
	(2) 市场调查的程序	复习市场调查的工作流程	0.5
实训	(1) 小组进行选题 (2) 确定调查内容与项目，完成市场调查方案，提交给教师 (3) 与教师共同研究调查方案，完成市场调查问卷的设计 (4) 分组在校园内按照调查方案选择合适的场所进行市场调查问卷的发放与回收（每组至少发放 30 份），在此过程中需要采用 photo\dv 的形式进行记录，并进行合适的视频或 PPT 编辑作为佐证 (5) 对回收的问卷进行整理与分析 (6) 完成市场调查报告的撰写工作 (7) 制作口头调查报告，并进行展示	(1) 小组商定工作计划，进行工作分配 (2) 按照制定的工作计划进行工作 (3) 与教师进行沟通协商 (4) 每组选择一名同学作为督导，监督对应组的问卷发放情况	19
操作过程中应注意的问题	(1) 教师需要随时监督各组的完成情况 (2) 小组分工需要明确，尽量能够互相监督		

评价表	考核内容	考核标准	分值	得分
	调查问卷（A）	格式正确，完成问卷设计的规定项目	40	
		逻辑正确	30	
		调查问卷准时完成	30	
	合计		100	

	考核内容	考核标准	分值	得分
	调查实施（B）	问卷完成的质量	40	
		问卷完成的份数	30	
		佐证材料	30	
		合计	100	

	考核内容	考核标准	分值	得分
评价表	调查报告（C）	格式正确，不缺项	40	
		统计图、统计表正确	30	
		调查数据的描述统计分析语言正确	30	
		合计	100	

小组总分 = A × 30% + B × 30% + C × 30% + 实训参与情况 × 10%

小组成员个人成绩评价表

小组成员姓名＼小组成员个人成绩	优	良	中	及格	不及格

个人最终成绩 = 20% × 个人成绩 + 80% × 小组成绩

二、《推销与促销实务》实践教学项目

《推销与促销实务》实践教学分为顾客异议实训与推销人员素质的养成实训两部分。

1. 顾客异议实训方案

（1）项目编号。项目编号标准为 × × ×。

（2）具体方案。具体方案如表 4-4 所示。

表 4-4　顾客异议实训方案

主要服务岗位与专业技能	主要岗位：销售代表（促销员、导购员、销售助理）、客服专员专业技能：顾客异议的处理技巧		
教学模块	顾客异议的处理	授课教师（需要辅助教师否）	吕慧
授课班级	市场营销	参考课时	6
训练目标实践练习顾客异议的处理过程。了解顾客异议的产生类别，实践解决顾客的异议从而掌握顾客异议的解决办法			

教学重点
（1）顾客异议的类型
（2）顾客异议的解决办法

实训方法建议
（1）任务驱动，教、学、做一体化
（2）小组分工协作法
（3）全程互动教学
（4）讨论式教学法
（5）启发式教学

实训地点	教室，校企合作单位——胜道公司各销售门店
实训工具	服装

实训任务

执行胜道公司的销售计划。在产品销售过程中分析销售对象的购买异议类型，根据所学相关异议的处理办法解决顾客异议，促进成交，最终完成销售计划

实训步骤（过程）	工作任务	教学组织	课时
资讯	（1）顾客异议的类型	接受教师提问，回答教师的提问	0.2
	（2）解决顾客异议的常见方法	小组探讨，总结，并回答教师的提问	0.3
	（3）分析各品牌顾客的需求，总结顾客异议	小组互动探讨消费者可能存在的异议	0.5
实训	（1）接受企业指导教师分配的销售实训品牌 （2）执行企业的销售计划 （3）主动接待顾客，解决顾客异议，完成企业的销售任务 （4）教师负责记录和考核	（1）领取销售任务，小组合作分析该品牌消费者需求，制定相关可能出现异议的解决办法 （2）完成企业的销售工作 （3）总结常见的顾客异议的类型和解决办法，教师负责提示和评价	5
操作过程中应注意的问题	注意服装及其他产品的保管 服从实训企业的相关规定		
评价表	成绩评价： 　　根据出勤、课堂讨论发言、准备工作、对潜在客户情况的调查、推销访问计划的撰写质量和电话约见客户模拟情况进行评定。首先，小组内部评出每位成员的个人成绩档次（优秀、良好、中等、及格、不及格）。其次，教师进行点评。最后，教师综合评出各小组成绩，在此基础上给出个人最终成绩 　　个人最终成绩 = 20% × （小组个人成绩）+ 80% × （下表的成绩） 教师评语： 　　小组成员个人成绩：		

评价表	推销接近评价		
	评价内容	分值	评分
	能正确判断顾客异议的真伪	20	
	能知道顾客差异属于哪种类型	30	
	有正确对待顾客异议的态度	10	
	有相应的处理顾客异议的方法	20	
	有比较好的顾客异议处理结果	20	
	推销异议处理技巧总体评价	100	
	注：考评满分为 100 分，59 分以下为不及格； 60~69 分为及格； 70~79 分为中等； 80~89 分为良好； 90 分以上为优秀		

2. 推销人员素质的养成实训方案

（1）项目编号。项目编号标注为×××。

（2）具体方案。具体方案如表 4-5 所示。

表 4-5 推销人员素质的养成实训方案

主要服务岗位与专业技能	主要岗位：销售代表（促销员、导购员、销售助理）专业技能：推销人员素质的养成		
教学模块	推销人员的素质	授课教师（需要辅助教师否）	吕慧
授课班级	市场营销	参考课时	6
训练目标 通过模拟实训，认识自我，对比推销员应具备的职业素质，找出自己的不足，并提高人际交往能力			
教学重点 （1）推销人员素质的构成 （2）提升素质的意义			
实训方法建议 （1）任务驱动，教、学、做一体化 （2）小组分工协作法 （3）启发式教学 （4）讨论式教学法 （5）互动教学			
实训地点		教室，校企合作单位——胜道公司人资培训部	
实训工具		服装	
实训任务 学习胜道企业相关企业文化，学习指定产品信息，撰写推销人员的岗位规范，模拟初次销售			

资讯	(1)学习胜道企业文化	接受教师提问，回答教师的提问	0.2
	(2)学习相关指定产品信息	小组探讨，总结，并回答教师的提问	0.3
	(3)分析胜道公司现行岗位制度	小组互动探讨编制相关推销人员岗位职责	0.5
实训	(1)展示本小组设计的岗位制度 (2)分小组探讨岗位职责内容的合理性 (3)设计推销情景 (4)模拟推销，评价推销人员素质	(1)分析岗位职责内容的基本构成 (2)模拟推销场景，并给予点评 (3)总结推销人员的基本素质构成，提出提升素质的方法	5
操作过程中应注意的问题	(1)注意服装及其他产品的保管 (2)服从实训企业的相关规定		
评价表	成绩评价： 　　根据出勤、课堂讨论发言、谈判背景信息搜集与分析情况进行评定。首先，小组内部评出每位成员的个人成绩档次（优秀、良好、中等、及格、不及格）。其次，教师进行点评。最后，教师根据综合情况评出各小组成绩，在此基础上给出个人最终成绩 　　个人最终成绩 = 20%×（小组个人成绩）+ 80%×（下表的成绩） 教师评语： 　　小组个人成绩：优秀、良好、中、及格、不及格 各小组职业素质评价 <table><tr><td>评价内容</td><td>分值</td><td>评分</td></tr><tr><td>准备工作全面（不单一）</td><td>15</td><td></td></tr><tr><td>撰写推销员规范具体可行</td><td>35</td><td></td></tr><tr><td>模拟准备充分，表现优秀</td><td>50</td><td></td></tr><tr><td>职业素质总体评价</td><td>100</td><td></td></tr></table>注：考评满分为100分，60分以下为不及格；60~70分为及格；71~80分为中等；81~90分为良好；91分以上为优秀		

三、《网络营销》实践教学项目

《网络营销》实践教学分为网络营销实践教学标题的编写与论坛营销两部分。

1. 网络营销实践——标题的编写

（1）项目编号。项目编号标注为×××。

（2）具体方案。具体方案如表4-6所示。

表 4-6　网络营销实践（实训）教学方案

主要服务岗位与专业技能	主要岗位：网络销售代表（淘宝网店创业者）、策划助理 专业技能：店铺的经营与推广		
教学模块	宝贝标题的编写	授课教师（需要辅助教师否）	王潇潇
授课班级	市场营销	参考课时	

训练目标
使学生掌握宝贝标题的字符数量、标题包含的内容；使学生掌握标题优化的工具，如淘宝指数、生日参谋等；掌握在宝贝标题优化中需注意的问题。通过标题优化，增加宝贝的流量

教学重点
(1) 宝贝标题优化工具的使用
(2) 宝贝标题优化的技巧

实训方法建议
(1) 任务驱动，教、学、做一体化
(2) 全程互动教学
(3) 讨论式教学法
(4) 启发式教学

实训地点	722 实训室
实训工具	每人一台电脑

实训任务
针对自己淘宝店铺的产品，选择 3 个有特点的产品，对其标题进行优化，以增加宝贝的流量，使更多的顾客能够搜索到

实训步骤（过程）	工作任务	教学组织	课时
讲授	(1) 标题的构成 60 个字符、核心词、属性词、空格的运用	接受教师的讲授，回答教师的提问	0.5
	(2) 标题优化的工具 搜索框、淘宝排行榜、淘宝指数、生意参谋	接受教师的讲授，并同教师一起操作，熟悉流程	1.5
	(3) 标题优化的效果	和老师一起验证效果	0.2
实训	(1) 为自己店铺的 3 个宝贝优化标题 (2) 搜索词语，验证效果 (3) 任务的截图 (4) 接受学生咨询 (5) 监控学生的操作并及时纠正错误	(1) 选择店铺的 3 个宝贝 (2) 运用标题优化的工具寻找到适合自己产品的词语 (3) 撰写出产品的核心词、属性词、长尾词 (4) 编写标题 (5) 搜索词语，验证效果 (6) 截图并在博星软件上提交	1.8
操作过程中应注意的问题	(1) 合理应用标题优化工具——生意参谋 (2) 老师要监督学生的完成过程 (3) 严格按照教师给予的样本进行操作		

续表

	考核标准	分值	得分
评价表	内容完整情况	20	
	核心关键词选择合理性	30	
	普通关键词选择合理性	20	
	标题撰写合理性	30	
	合计	100	

2. 网络营销实践——论坛营销

（1）项目编号。项目编号标注为×××。

（2）具体方案。具体方案如表4-7所示。

表4-7　网络营销实践（实训）教学方案

主要服务岗位与专业技能	主要岗位：网络销售代表（淘宝网店创业者）、策划助理 专业技能：店铺的经营与推广		
教学模块	论坛营销	授课教师（需要辅助教师否）	否
授课班级	市场营销	参考课时	

训练目标
第一，使学生能够撰写营销软文，包括如何拟吸引人的标题、设计主贴的故事内容、回帖中如何营销自己的产品；第二，根据自己的产品，选择合适的论坛平台，发布帖子，掌握对平台后台的管理

教学重点
（1）营销软文的撰写
（2）论坛平台的操作及后台的管理

实训方法建议
（1）任务驱动，教、学、做一体化
（2）全程互动教学
（3）讨论式教学法
（4）启发式教学

实训地点	722实训室
实训工具	每人一台电脑

实训任务
针对自己淘宝店铺和所经营的产品在论坛平台上进行推广，因为论坛是一个有共同爱好者的聚集地，所以，论坛营销可以吸纳更多的精准目标顾客，并能够给自己的淘宝店铺带来一定的流量

实训步骤（过程）	工作任务	教学组织	课时
讲授	（1）论坛平台的选择 介绍猫扑、西祠胡同、天涯、百度贴吧等论坛平台	接受教师的讲授，并同老师一起操作，熟悉平台	0.5
	（2）营销软文的撰写 标题——诱人点击 主帖——场景陈述 回帖——声东击西	通过老师的讲授和案例，自己构想软文	1.5
	（3）帖子的发布、跟踪管理	接受老师的讲授	0.2

实训	(1) 根据自己的产品，选择 2 个论坛平台 (2) 选择平台的主题 (3) 编写标题 (4) 设计主帖内容 (5) 设计回帖内容 (6) 发布帖子 (7) 提交截图	(1) 选择哪两个平台进行注册 (2) 撰写营销软文 (3) 发布帖子 (4) 与同学互相进行回帖 (5) 与教师进行沟通协商 (6) 截图并在博星软件上提交		1.8
操作过程中应注意的问题	(1) 老师要监督学生完成过程 (2) 在真实的网络平台上操作，避免徇私舞弊			
评价表	考核标准		分值	得分
	帖子标题的设计		30	
	主帖内容的编辑		30	
	回帖内容的设计		20	
	内容完整情况		20	
	合计		100	

四、《营销策划实务》实践教学项目

《营销策划实务》实践教学分为营销策划实训与市场调查策划实训两部分。

1. 项目编号

项目编号标注为×××。

2. 具体方案

（1）营销策划实训方案。营销策划实训方案如表 4-8 所示。

表 4-8　营销策划实训方案

主要服务岗位与专业技能	主要岗位：策划助理 专业技能：市场定位与策划方案撰写		
教学模块	××文化商业街市场定位策划	授课教师（需要辅助教师否）	徐文飞
授课班级	市场营销	参考课时	4
训练目标 通过对××文化商业街进行市场定位的分析与调研，使学生深入理解市场定位策划的重要性，初步掌握市场定位策划的步骤与方法			
教学重点 (1) 什么标准或依据对××文化商业街进行市场细分及如何细分 (2) 为××商业街进行市场定位、制定策划方案			

实训方法建议		
(1) 任务驱动，教、学、做一体化		
(2) 小组分工协作法		
(3) 全程互动教学		
(4) 讨论式教学法		
(5) 启发式教学		

实训地点	教室与实训室
实训工具	录音笔、手机或笔记本电脑

实训任务

大连火车站对面的大商步行街始建于 20 世纪初，距今已有 100 多年的历史，步行街内遍布曾经创立的大连老字号产品与商业中心，如今成为大连市民及各地旅行者追寻大连曾经记忆的场所，也是大连市民购物的理想去处。近 10 年来，由于西安路地区及青泥洼地区其他商业中心的建立，大连大商步行街已没有了昔日的繁华，昔日的老字号已物是人非，不禁令人唏嘘。根据定位策划的相关内容，通过对目前现有步行街内的老字号品牌及商业中心区域进行合理细分，并对步行街的相关地区进行定位策划

实训步骤（过程）	工作任务	教学组织	课时
资讯	(1) 市场定位策划书	接受教师提问，回答教师的提问	0.2
	(2) 大商步行街内的现有状况	通过网络搜索、实地考察与调研	0.3
	(3) 市场定位策划书撰写方法	与教师互动明确最后调研报告书的形式	0.5
实训	(1) 接受教师分配的调研任务 (2) 审核学生制定的工作计划 (3) 对工作计划提出修改意见 (4) 接受学生咨询 (5) 监控学生的操作并及时纠正错误	(1) 小组商定工作计划，进行工作分配 (2) 按照制定的工作计划进行工作 (3) 与教师进行沟通协商	3
操作过程中应注意的问题	(1) 指导教师应持续对小组的调查过程和小组工作计划进行指导和监督 (2) 小组的调研方案与调研报告书内容必须与实际相结合 (3) 小组撰写的工作计划要尽量与实践活动紧密结合		

评价表

考核内容	考核标准	分值	得分
调研方案 (A)	调研方案的方式选择	40	
	调研方案的框架设计	30	
	调研计划的时间周期	30	
	合计	100	

考核内容	考核标准	分值	得分
调查实施 (B)	调查手段的最优化	40	
	调查方式的实际进度	30	
	佐证材料	30	
	合计	100	

续表

考核内容	考核标准	分值	得分
调查报告（C）	符合格式要求，结构合理	40	
	统计图、统计表的数据真实	30	
	数据分析及建议符合实际	30	
	合计	100	

评价表

小组总分 = A×30% + B×30% + C×30% + 实训参与情况×10%

小组成员个人成绩评价表

小组成员姓名 ＼ 小组成员个人成绩	优	良	中	及格	不及格

个人最终成绩 = 20%×个人成绩 + 80%×小组成绩

考核内容	考核标准	分值	得分
调查实施（B）	调研的流程	40	
	调研实际完成的进度	30	
	佐证材料	30	
	合计	100	

注：调查实施（B）有两种考核方式可任选一种

（2）市场调查策划实训方案。市场调查策划实训方案如表4-9所示。

表4-9　市场调查策划实训方案

主要服务岗位与专业技能	主要岗位：策划助理、市场专员 专业技能：市场调查策划方案撰写		
教学模块	抗感冒药零售市场调查策划	授课教师（需要辅助教师否）	徐文飞
授课班级	市场营销	参考课时	4
训练目标 通过对售药市场的调查与分析，明确营销策划的起点是市场调查策划，进一步掌握市场调查的程序与方法			
教学重点 （1）市场调研的内容和方法的选择 （2）市场营销调研报告的撰写			
实训方法建议 （1）任务驱动，教、学、做一体化 （2）小组分工协作法 （3）全程互动教学 （4）讨论式教学法 （5）启发式教学			

实训地点	教室与实训室
实训工具	录音笔、手机或笔记本电脑

实训任务

随机选择大连某个区域内的连锁药店或登录所在药店的网址，通过对冬季销售量比较大的药品，比如感冒药、止咳糖浆与退烧药等相关药品进行调研与分析，调研可以采用调查问卷或其他方法，制定相关营销调研报告并撰写报告书，围绕包括目前冬季售药的主要品牌、消费和对冬季售药的价格的满意度、对冬季售药的改进意见这三个主要的问题形成最终的调研报告书

实训步骤（过程）	工作任务	教学组织	课时
资讯	（1）营销调研策划书	接受教师提问，回答教师的提问	0.2
	（2）大连区域内的各主要连锁药店的地址	通过网络搜索、电脑或手机地图 APP 查询	0.3
	（3）市场营销调研报告的撰写方法	与教师互动明确最后调研报告书的形式	0.5
实训	（1）接受教师分配的调研任务 （2）审核学生制定的工作计划 （3）对工作计划提出修改意见 （4）接受学生咨询 （5）监控学生的操作并及时纠正错误	（1）小组商定工作计划，进行工作分配 （2）按照制定的工作计划进行工作 （3）与教师进行沟通协商	3
操作过程中应注意的问题	（1）指导教师持续对小组的调研方案及计划进行监督与控制 （2）小组内应分工明确，协作合理有序 （3）调研方案及计划应与实际结果结合		
评价表	<table><tr><th>考核内容</th><th>考核标准</th><th>分值</th><th>得分</th></tr><tr><td rowspan="4">调查方案设计（A）</td><td>调查方案拟选择手段及分析</td><td>40</td><td></td></tr><tr><td>调查方案的计划</td><td>30</td><td></td></tr><tr><td>调查方案准时完成</td><td>30</td><td></td></tr><tr><td colspan="1">合计</td><td>100</td><td></td></tr><tr><th>考核内容</th><th>考核标准</th><th>分值</th><th>得分</th></tr><tr><td rowspan="4">调查实施（B）</td><td>调查方案的方法效果</td><td>40</td><td></td></tr><tr><td>调查方案实际完成进度</td><td>30</td><td></td></tr><tr><td>佐证材料</td><td>30</td><td></td></tr><tr><td>合计</td><td>100</td><td></td></tr><tr><th>考核内容</th><th>考核标准</th><th>分值</th><th>得分</th></tr><tr><td rowspan="4">调查报告（C）</td><td>格式合理，逻辑准确</td><td>40</td><td></td></tr><tr><td>统计图、统计表正确</td><td>30</td><td></td></tr><tr><td>调查数据的描述统计及建议思路清晰，语言得体正确</td><td>30</td><td></td></tr><tr><td>合计</td><td>100</td><td></td></tr></table> 小组总分 = A×30% + B×30% + C×30% + 实训参与情况×10%		

续表

小组成员个人成绩评价表					
评价表	小组成员 个人成绩 小组成员姓名	优	良	中	及格	不及格
个人最终成绩 = 20% × 个人成绩 + 80% × 小组成绩					

五、校企合作实践案例

1. 校友牵引的"订单培养"——中原地产"原动力"订单班

（1）合作背景。为了更好地使人才培养贴合行业与企业发展对市场营销岗位的需求，对 2009、2010 级两届的毕业生就业岗位进行了调研分析，在这个过程中，发现有许多毕业生从事房地产市场的二手房销售工作，而且涌现出不少行业内业绩优秀的毕业生，为了提高校企合作的层次，学校开始积极寻求一手房销售的企业合作，经过努力寻求到了大连中原房地产代理有限公司，巧合的是公司的总经理是我校 99 届的毕业生，这更加促进了校企合作的进行。

中原集团是一家香港上市公司，旗下拥有旗舰品牌中原地产及利嘉阁地产、宝原地产、森拓普等多个子品牌，是房地产代理行业及相关服务领域的先行者和市场引领者。

大连中原地产代理有限公司隶属中原集团华东及东北区，成立于 2000 年，依托强大的集团背景及资源网络优势，凭借成熟的营销思路和对房地产市场的独到见解，实现了与万科、保利、华润、远洋、中冶、华业等实力地产企业的精诚合作，赢得了从市场研究到楼盘销售的多重认可，辅助发展商实现了利益最大化，跃升为大连市房地产市场代理的一流团队。

（2）定单班的形成。由于校友的原因企业与学校的合作进行得很顺利，合作中要解决的问题就是如何吸引学生的注意，使其对企业有兴趣，同时，提供学生认可的职业以及上升的通道，在企业和专业教师的积极推动下，校企合作走过了四个阶段。

1）通过服务营销项目进行企业导入。为了让学生与企业有更多的接触和广泛了解的机会，在市场营销专业课程体系中设置了服务营销项目这一环节，主要是通过将企业请进来，进行系列的专业讲座和面对面的沟通或是组织学生到企业中去参观和学习。

中原地产通过服务营销项目进入学生的视野，在多次的讲座与沟通的过程中，学生了解了中原地产的企业业务领域、企业管理理念、企业的岗位、企业的人才培养路径以及企业的文化。在此过程中，职业的中原人以他们的实际行动深深感染了每一位学生。服务营销项目结束后，有两名学生直接通过老总微博和电话沟通的方式表达了加入中原地产的愿望，得到了企业的积极响应。

2）校园现场招聘会，层层选拔。2013 年 5 月，中原地产在我校举行了现场招聘活动，本次招聘活动主要面向 2011 级经济管理专业和房地产专业的学生，经济管理学院和建筑工程学院的相关领导和老师、中原地产大连分公司的相关领导以及市场营销专业、物流管理专业、国际贸易专业、房地产专业近 300 多位学生参加了此次招聘活动。

本次招聘会的特点有三个方面：第一，企业高度重视。中原地产大连分公司派出副总经理进行企业宣讲，诙谐和幽默的讲解风格对中原地产公司和公司管理者的成长轨迹做了简要的介绍，并对中原地产的基本结构、发展前景、企业文化进行详细介绍。

第二，颁徽仪式。对我校 2011 级市场营销专业的王丹和庞栋升两位同学举行了公司颁徽仪式，授予企业正式员工的徽牌，给予表现优秀在校生提前进入企业通道，使各位学生对中原地产公司的企业文化有了更加深刻的印象，激发了学生的热情。

第三，现场招聘。组建"原动力订单班"，纳入公司发展新员工计划。300 多名学生报名，通过层层筛选，40 人组成了"原动力"订单班，企业人力资源的副总作为班级班主任，对订单班学生的重视，促使学生热情高涨。

3）企业走进学校，企业培训与订单班课程有机结合。2013 年 9~11 月，为期三个月的订单班培训课程按照计划有条不紊地进行，在此期间企业派出各领域的精英团队成员走进学校，为订单班的学员奉献了一堂堂精彩纷呈的企业专业培训课程，从大连房地产发展历程、房地产政策分析、房地产宏观投资经济与分析、房地产基础知识到销售技巧、沟通技巧再到商务礼仪和公司管理制度等方方面面，把专业知识培训与企业员工培训的内容有机地结合在一起，通过讲授、技能训练、游戏和辩论赛等多种形式，让订单班的学员融合在中原地产的大家庭中。

结束了为期三个月的订单班培训，首届"原动力"中原订单班的学员与企业核心员工共同进行了一场结课拓展训练并举行了毕业入职典礼，为30名学员颁发了订单班毕业证书和授予公司入职工作证。

4）顶岗实习三个月后正式转正。订单班结业典礼之后，中原地产各个项目总监对学员进行了新一轮的面试与沟通，以此确定每位学员的实习岗位。订单班的30名学员分别分配在万科天街、万科蓝山、万科西山别墅、保利西山林语、亿达普罗旺斯、亿达第一郡、亿达春田、大连天地、浦项道、悦丽海湾、海航YOHO湾、中冶蓝城、华业东方玫瑰和星天悦14个房地产销售项目上，其中25人入职置业顾问岗位，5人入职销售内业岗位。

他们将在各自工作岗位上实习三个月，即企业新员工入职的三个月试用期，等到2014年3月，经企业进行实习期考核评定后，就将转为中原地产的正式员工，比一般学生提前四个月进入正式工作岗位，在还没有正式毕业的时候，他们已经成为中原的正式新员工。

（3）校企合作的新亮点。首届"原动力"中原地产订单班共30名学员已经走上各自的工作岗位，为市场营销专业开拓了一个与企业对接的新领域，在与中原地产公司的合作过程中充分体现了四个特色：

1）校友牵引校企合作。在与中原地产合作的过程中，由校友、大连中原地产的总经理刘士冬作为合作的牵引者，始终贯穿合作之中：服务营销项目现场讲座、订单合作方案的设计、开班仪式、培训过程、结业典礼等每一个过程环节中，只要他个人有时间，都会亲临现场与学生互动，并在此过程中，以他个人的成长经历，从发传单开始到成为分公司的总经理，给学生以现身说法，让学生看到在中原只要努力，就有宽阔的职业发展空间，使学生对就业岗位信心百倍。与此同时，也保障了中原订单班的高质量运行。

2）企业培训与订单培训结合。在整个中原订单班的培训课程体系中，将专业的行业知识、岗位核心能力、职业素养和企业管理制度有机地结合，并将企业的新员工入职培训内容纳入到培训课程体系中，使学生走出学校，即能入职上岗。所有参与授课的企业培训教师和职能管理人员在培训过程中，充分体现了他们的职业性、敬业性和责任性，无形中给学生树立了职业的榜样。

3）从"学校人"到"企业人"的无缝对接。在整个中原订单班的日常管理上，比如，开班仪式上为每一位学员佩戴司徽、颁发员工证；在每一堂培训课上学员都身穿统一的职业装，佩戴统一的工作牌，用着带有企业 LOGO 的记录本；在拓展训练中让企业的核心员工与我们的学员一起参与；让学员参加企业的羽毛球比赛；在学员的生日当天也享受与企业员工一样的礼物待遇，等等，这所有种种，让还身处学校的订单班学员早已与企业融为一体，让学员们在这些细微的环节中，成为一名"企业人"。让学员与将要合作的企业同事有了更深的接触，为学生到公司工作和日后的发展奠定了坚实的基础，做到了学生从"学校人"到"企业人"的无缝对接和顺利过渡。

4）岗位明确，学习热情高涨。每一个进入中原订单班的学生在招聘环节的第二次面试中就已经明确了自己未来就业的岗位，一类是置业顾问，另一类是销售内业。所以在接下来的订单班培训过程中，每个学生都能有针对性地去学习自己岗位的专业技能，让学生感受到现在所学的就是未来要用的，因而每个人的学习热情都非常高涨。另外，中原人无数个人成长的案例，都说明了一个问题，只要能努力、能坚持、有业绩，未来一定会有一个符合自己职业发展的空间，这也让学生看到了未来，因而也信心十足。订单班的所有学员到结业时，没有一个人主观申请退出中原班，即使在结业时被淘汰的几个人中，还再努力地主动找企业沟通，希望再给一次机会。

（4）评价与体会。评价与体会有如下几方面：

1）"校友"的"示范效应"。在首届"原动力"中原地产订单班的合作过程中，公司的老总是十几年前的校友，对市场营销专业的学生来讲，还是他们的"学哥"，这种成功的经历无疑是最好的榜样，这极大激发了"90 后"追求成功的心理，起到了较好的示范效应；同时，"校友"老总的重视，又促进了校企合作的顺利进行。

2）规范与职业性。企业制定了系列培训课程，在授课中，学员和企业培训师都着正装；开展学生与企业的正式员工一起进行的各种活动，使学生充分认识到职业人的职业特点和规范性。

3）企业的高度重视。无论是培训、邀请学生参观企业、参加企业的运动会、各种宴请等，都体现了企业的重视。特别是订单班结业时的拓展训练更体现这一点。企业邀请为知名企业进行过培训的培训团队，专门开发了关于管理的拓展项目，一个上午的培训课程费用两万多，企业的诚意促进学生对企业文化的认同。

这种成功的校企合作运作是校企合作成功的典范，也为第二届订单班打下坚实的基础，企业、学校、学生形成了"三赢"的局面，使校企合作进入到良性运行的轨道。

2. 选准企业　精心培育　收获"全方位"深度合作——市场营销专业与宝胜国际的校企合作案例

市场营销专业的人才培养除了专业知识、技能外，综合能力和素质的要求相对其他专业要求更高，其中人际沟通能力、吃苦耐劳、勇于创新等素质和能力是企业在录用员工时，更加关注并排在首位的要素。虽然在日常教学中也可以贯穿这些素质和能力的培养，但是实际岗位的经历和磨炼才是市场营销人才培养的有效途径。如何建立市场营销专业的校企合作，提供各种实习实训机会，是专业人才培养的重要环节之一。

（1）市场营销专业校企合作的问题与历程。市场营销专业校企合作的问题与历程有如下几方面：

1）市场营销专业校企合作的问题。在市场营销对应的诸多岗位中，销售通常是学生进入企业的首岗，也是最能锻炼和培养学生职业素质和能力的有效途径。虽然能够提供销售岗位企业诸多，但是在实际操作中有以下三个方面的主要问题：

第一，学生数与企业同时提供的岗位数不对等。通常情况下，市场营销专业的学生数在 80 人左右，学生要在统一时间进入企业进行销售实习，多数企业很难提供如此多的实习岗位，如果寻找多个企业，企业用人的时间又不集中，同时提供的岗位数与学生数不容易对等，安排统一的岗位实习相对较难。

第二，学生素质与企业岗位需求的不对等。由于进入企业真实的岗位进行销售实习，通常较为规范的人企业都有用人的标准，比如，身高、外表等，并不是所有的学生都能满足企业的需求，一些学生因为各种原因很难进入岗位进行实习，但作为独立实训，且必须安排每一个学生的实习岗位，实现教学目标，因此，很难与企业达成全部接受的协议。

第三，教学管理规范要求与实习需求的冲突。教学任务通常在学期开始前几个月就已经确定了，而企业促销活动的时间是不固定的，实习周的确定就必须保持一定的灵活性；另外，学生进行销售实习时，多数进入的是商业零售业，其工作时间与学校的作息时间不能保持一致，如何协调学生在作息中各环节与学校规范管理的矛盾成为实习中令人头痛的问题。

2）选准企业——人才培养与企业需求的"一拍即合"。针对市场营销专业的人才培养需求，在第三、第四、第五三个学期设计了至少两周以上的实训周。

在目标企业的选择中，充足、规范的销售岗位成为关键点，宝胜国际恰恰符合了目标企业的特点。2009 年秋季，为了安排 2008 级学生第三个学期的两个独立实训周，专业多方寻找企业，由于正值大连胜道体育用品招收"五一"促销人员，于是开始了合作。

胜道体育是全国三大运动服零售商之一，主要经营和销售在中国较著名的国内外运动服品牌，包括 NIKE、ADIDAS、REEBOK 等。大连分公司全面负责总公司在大连市场 NIKE、ADIDAS、CONVERSE 几大品牌的商业运作，除了在麦凯乐、新玛特、百盛、友谊商城等大型商场外，下属店铺有 60 多家。每年的"十一"、"五一"等重大节日都会进行大型的促销活动，对人员的需求相对稳定，因此在需要上双方"一拍即合"，如何进行有效的运作成为校企合作的焦点。

3) 与宝胜国际合作历程。在与宝胜合作的五年中，可以分成三个阶段：

第一阶段是学校对企业的"绝对服从"阶段，时间是 2009 年、2010 年。由于专业想保持与企业的合作，遵从了企业的要求。比如，虽然学校离企业较远，为了学生安全，希望学生能提前下班，但也完全遵守了营业时间等，达到了对学生职业素质和能力的培养。这种积极的配合和学生的良好表现给企业留下了深刻的印象，稳定了与企业的合作关系。

第二阶段是磨合期，时间是 2011 年、2012 年。通过近两年的时间，合作基本稳定，在实习岗位的提供、学生的实习时间以及各种安排上，与企业进行了协商调整。比如，在大商、麦凯乐等商场中的促销员录用都要通过商场的面试，而没有被录用的学生，企业则安排在周边的专卖店中进行实习，这样就可以达到全员同时进入岗位实习的目的。

第三阶段是双赢阶段，到 2013 年春，校企展开了多方面合作，并设置了"管理培训生的订单班"。与本科一样，2014 年、2015 届毕业生分别有近 30 名学生以管理培训生的名义进入订单班，通过培训，近 80% 的同学进入到最后的考核阶段，现已有 10 名成为店长或店长人选。

（2）选准企业，精心培育。在校企合作中，企业与学生的互惠互利是最重要的前提与保障，也是合作是否能够持续稳定发展的关键，为此，学院尽全力使两者利益最大化。针对企业与学生需求，精心选择了不同策略。

1）对企业的主要策略和做法。首先，灵活安排实训周。企业的促销时间是不固定的，而学校的实训周时间安排通常提前三个月左右已安排完成，为了更好地实现校企合作，专业及时与企业进行沟通，根据企业活动时间调整实训教学运行时间，满足企业的用人需求。

其次，严格管理，保障企业"权益"。每次在学生进入企业实习时，学院院长、专业主任、指导教师分别对学生进行指导和要求，对参加实训的意义进行沟通，使学生意识到自己不仅代表自己，也代表学院、专业，更是为自己、学弟学妹创造实训和就业机会；每天保证有一位教师，深入企业岗位现场了解学生情况，协助企业对学生进行管理和协调；严格实习考核制度，要求学生按照企业管理要求，履行岗位职责，不得私自与企业管理者进行争吵，有问题就及时反馈给教师，教师酌情进行沟通，没有极特殊情况，必须按照企业安排的时间进行作息，不得擅自离岗，若出现上述问题，顶岗实习成绩为不合格等，最大限度地保障了企业的权益，也使学生提高了责任与服从意识。

最后，及时与企业进行沟通。在学生实训的全过程积极与企业进行多层次的沟通。实训前，主要对本次促销的任务以及岗位责任充分理解企业需求，并有效地传达给学生，使学生能够准确把握企业的需求；实习过程中，主要是对学生出现的问题，及时了解企业、学校以及学生本身对这些问题的看法，减少学生、企业与学校间的分歧和隔阂；实习结束后，及时与企业沟通了解企业对学生整体的看法以及需要改进的地方，为下次实训安排增长经验。

2）对学生的主要策略和做法。第一，树立"就业典型"。这是对学生策略的核心，也是对企业有益的方法。这种典型有三个方面：一是每一届学生第一次实习时安排学生干部作为组长，对学生进行组织，并作为就业推荐的依据，增加学生对实习意义的认识；二是选择愿意去实习的学生进行课余时间的打工，培养学生对企业的感情，增进就业的选择；三是积极培育表现好、与企业岗位较为匹配的学生进入企业就业，树立成功就业典范，对后续的学生产生示范效应。这是校企合作的核心，只有成功的就业，才会促使学生通过上下级的沟通，形成良性的合作润滑剂，更加促进校企合作的发展。

第二，多方协调，保护学生利益。为了更好地保护学生的利益，提高学生的积极性，也进行多方协调。比如，反复和企业讨论实习工资与餐补等，尽量保障学生的劳动能有所得；为了保障学生的安全，协调学校的班车进行接送，尤其是晚上下班后的接送，等等。虽然困难重重，学院都尽力地解决；对出现意外的事件，积极进行协调，使学生意识到学院的关怀，比如，在实习中个别岗位学生因为工作原因没有赶上接送的班车，就安排学生打车回校，要求企业给解决费用问题，使学生感受到学校和企业的关注。

（3）全方位的校企合作模式收获"三赢"。校企合作取得的成果如下：

1）全方位的校企合作。在近五年的校企合作中，建立了市场营销专业与宝胜国际合作的全方位模式。

第一，企业派出培训师、人力资源等人员作为市场营销专业专家和专业委员会成员参与到专业标准建设的各个环节，比如，其人力资源部参与了市场营销专业对应岗位能力与素质要求分解等。

第二，提供各种企业讲堂，包括服务营销项目的专家讲座，企业用人标准的解读等，在近两年中，每年都会进行1~2次的企业讲堂。

第三，除提供学生的实习岗位外，也提供学生寒暑假等实习岗位；建立订单班，进行订单培养；制定培训计划，对学生进行企业的培训课程，等等。并用企业标准对学生进行企业的考评和奖励，包括销售奖、沟通管理奖等，培养学生的职业意识。

第四，提供给教师关于营销的各种企业案例、实习岗位等。

2）收获"三赢"的校企合作。对于企业来说，在节假日促销期间需要大量的临时销售人员，学生是一个非常稳定的实习员工的来源；企业从参与实习的学生中，通过双向选择，选择一部分学生成为企业正式员工，节省了人员培训等成本；最重要的是企业也培养了一批对企业有忠诚度的员工，在本届订单班中一些学生选择宝胜，是因为前期的合作和对企业的感情。

对于专业来说，专业人员对学生实习实训中反映出的问题反馈，为专业人才培养提供了宝贵的经验；企业也对专业提供了很大的援助，比如，在学院服务营销课程的实训中，企业派出了团队给学生进行讲座等；企业也为教师的社会实践提供各种岗位和支持；2013年秋季，以"管理培训生"为主体的订单班，一次解决近30名学生就业。

对于学生来说，参加实训，直接获得实际岗位的经验与职业经历，为以后工作奠定基础；实习前的面试、培训、各种考核、同事间沟通等，使学生开始慢慢向"职业人"成长；实训辛苦、与同学共同面对各种问题、每次分享实习的体会等，都提升了学生的专业素质和能力。

随着高职教育教学的发展，出现了各种校企合作的形式。无论采用什么形式进行合作，都要兼顾企业、学校和个人的利益，合作才会长远。

总之，市场营销专业与宝胜国际的校企合作经过五年探索，互惠双赢是基础和前提，精心培育是保障，学生的良好就业将会使校企合作得到继续发展和不断深入，三者缺一不可。

六、职业技能大赛竞赛规程

1. 比赛范围与参赛对象

经济管理学院各专业学生均可参加，参赛人员需以团队的形式参赛，每个项目团队可由 3~5 人组成。

2. 比赛内容与方式

（1）比赛内容。创业大赛要求参赛者组成优势互补的竞赛团队，提出一个具有市场前景的产品或服务，围绕这一项产品或服务完成一份完整、具体、深入、可行性、操作性俱佳的创业商业计划书，并在此基础上进行项目的推广和展示。

创业商业计划书文本应基于该项具体产品或服务，着眼于特定的市场、竞争、营销、运作、管理、财务等策略方案，描述公司的创业机会、描述把握这一机会创立公司的过程并说明所需资源。展示部分要求选手对其产品和服务进行立体化展示，突出产品或服务的优势、特点及可实践性，形势不限，鼓励创新。

（2）比赛时间。每年的 10~11 月。

（3）比赛方式。整个比赛分三个阶段：

第一阶段：初赛。每个参赛团队提交一份创业商业计划书。

第二阶段：复赛。在初赛的基础上，选拔 12 支团队进入复赛。进入复赛的每个团队需制作用于创业项目推广的"创意微广告"（视频）。

第三阶段：决赛。在复赛的基础上，选拔六支团队进入决赛。进入决赛的每个团队需以团队的形式进行现场项目展示，并进行团队答辩。

每个比赛阶段，评委根据各项评分指标，分别打出分数，分值可参照每项给定标准，作品评价要有一定区分度。按照各位评委给定的相应分值相加求平均值，得出每个阶段的最后得分。

3. 比赛设备及用具

能容纳 200 人的多媒体教室，用于参赛团队项目展示与答辩。

4. 比赛规则和注意事项

（1）比赛规则。比赛规则有如下两点：

1）比赛每个阶段，根据组委会要求，每个参赛团队必须按照规定时间内提交每个阶段的展示作品，否则视为弃赛。

2）参赛团队所提交的作品必须保持原创性，不得抄袭，一经发现抄袭现象，即取消参赛资格。

（2）注意事项。为了比赛的公平和公正，比赛建立评委候选人团队（含企业人员），每一个阶段随机抽取五名评委（至少有一位企业评委）参与评判工作，每一位评委在三个阶段评判工作中只能参与两次以下（含两次）。

5. 成绩评定

第一阶段成绩评定：评定标准如表 4-10 所示。

表 4-10　第一阶段评定标准

序号	考核内容	考核要点	分值
1	概述	产品或服务 远景规划、目标展望	10 分
2	优势及特点	创新性、优势、特点 吸引消费者、打入市场	20 分
3	市场分析及营销经营	市场定位，市场变化趋势及市场占有率 对收入、盈亏平衡点、市场份额的预期	20 分
4	财务	企业大致的成本、收入、现金流量、盈利能力和持久性 融资资金和中期投资回报率	20 分
5	团队	创业团队的特殊性和优势 拥有的人力资源及团队分工等	20 分
6	表述	条理清晰 表述简洁、清晰、重点突出	10 分

第二阶段成绩评定：评定标准如表 4-11 所示。

表 4-11　第二阶段评定标准

序号	考核内容	考核要点	分值
1	主题突出	内容丰富、完整，主题突出、鲜明，能够准确表现出产品或服务的定位，最大化地突出产品或服务的特点，目标市场定位准确	25 分
2	构思新颖	广告构思有独创性，设计新颖，有特色，能够引起观众注意，并能留下深刻印象，让观众明白广告传达的含义	30 分
3	销售渠道设计	对产品的销售渠道设计多样化，可行有效且方式新颖，有吸引力	25 分
4	团队协作	团队整体精神面貌良好，成员在宣传过程中分工明确，配合默契	20 分

第三阶段成绩评定：评定标准如表 4-12 所示。

表 4-12　第三阶段评定标准

序号	考核内容	考核要点	分值
1	项目展示	能有逻辑地陈述整个计划	10 分
		表述清楚，思路清晰	10 分
		具有团队个性，突出自身特有的优势	10 分
		具有吸引力，有明确的思路和目标	10 分
		创新创业理念出色	10 分
2	团队答辩	回答流畅简洁	10 分
		内容切题充分	25 分
		团队配合	15 分

第五章
市场营销专业素质教育体系的构建

随着职业教育实践和理论的不断发展，职业教育理念经历了"知识本位——能力本位——素质本位"的不断创新过程。"素质本位"拓展了职业教育的内涵，正在从单纯的以职业技能为核心向以职业素质为核心进行转变，如何真正将职业素质教育落到实处，成为强化职业教育特色的重点。

第一节　高职素质教育的基本概念和内涵

一、素质教育的提出

国务院《关于加强和改进大学生思想政治教育的意见》中明确指出"以大学生全面发展为目标，深入开展素质教育"。基于高职院校的高等性和职业性的双重属性，高职院校主要培养面向生产建设管理服务第一线需要的在全面发展基础上的高素质技术技能型人才，但是高职教育发展十几年来，在办学方向上、人才培养目标上、教学内容上，由于过分强调高职人才的市场性、技能性和无缝对接，在一定程度上忽略了教育应该服务于人的发展，忽略了学生可持续发展能力和创新能力的培养，这已成为提高高职教育质量的主要问题。教育部早在 1998 年就出台了《关于加强大学生文化素质教育的若干意见》，国务院 2004 年出台了《关于加强和改进大学生思想政治教育的意见》，反复强调大学生素质教育的重要意义，全国各高职院校在人才培养上也都在努力践行素质教育这条主线。但目前在高职教育实践中，素质教育还普遍落后于技能教育，尤其是职业素质教育更被忽视，很多高职院校人才培养方案中几乎找不到与培养诚信品质、责任意识、集体荣誉感等职业素质相关的课程，更缺少系统的课程体系。

职业素质的培养，不是某种具体能力的培训，不可能通过几门课程就得以解决，需要树立一种全新的现代职业教育理念，对办学理念、人才培养模式、学生管理和校园文化等教育教学各个方面进行重新设计和改革。通过文献研究，关于素质教育、通识课程和职业素质教育宏观性的研究比较多，而针对高职院校职业素质教育课程体系的具体研究基本处于空白，为了解决高职院校在教育教学中真正把素质教育贯穿于人才培养的全过程，真正实现学生的全面发展。近年来，大连职业技术学院在学生职业素质教育方面进行了一些探索，力求从人才培养方案入手，对职业素质教育课程体系进行系统设计，并且通过规定职业素质教育学分，将职业素质教育纳入到教育教学体系中，进一步树立全员的职业素质教育理念，为高职院校的职业素质教育能够落到实处提供保障。

二、与素质培养相关几个概念及其关系的界定

1. 基本素质

大学生的基本素质的概念源于教育部教高司〔1998〕2号文件《关于加强大学生文化素质教育的若干意见》，该文件中明确提出："大学生的基本素质包括思想道德素质、文化素质、专业素质和身体心理素质，其中文化素质是基础。"

2. 专业素质

关于专业素质的论述较多，本书认为，源自《江苏高教》2004年张庆奎的"大学生素质教育理论与实践"一文中关于"专业素质是指从事社会职业活动所必备的专门知识、技能，主要包括三个方面：扎实的理论基础、熟练的专业技能、全面的业务能力"，这种概念界定比较符合高职教育培养实际。因此，下面提及的专业素质采用此概念。

3. 职业素质

对职业素质本书认同源自《高职教育》2008年陈和的"高职院校职业素质教育课程体系的构建"一文中的概括：职业素质是指从业人员具有的与职业工作、职业发展直接相关的，对职业活动起关键作用的、非技能的内在品质和能力。简单说，是指满足职业生涯需要的一种特定素质，具体包括责任意识、诚信品质、敬业精神、遵纪守法意识、团队合作精神、沟通交流能力、创新创业能力等。

4. 基本素质、专业素质和职业素质的相互关系

从概念上可以看出，基本素质是基础，包含了专业素质，强调的主体是大学生所必须具备的素质；职业素质是基于基本素质上的更高层次的升华。专业素质好不一定基本素质好，基本素质好不一定职业素质高，因为专业素质主要通过课程来实现，而除专业之外的职业素质更需要通过专门的课程及特定的载体来提升。

5. 职业素质教育课程与所规定的现行公共必修课程及专业课程的关系

本书中的职业素质教育课程是指专业课程之外的部分公共必修课程和公共选修课程及所设计的与职业素质相关的系列任选课程。之所以没有将专业课程作为职业素质课程，是因为专业课程的内容及讲授过程本身就包含了职业素质教育，只不过是隐性的和分散的，需要教师在教学中对学生加以训练和引导。本书拟建立一个独立于专业课程之外的职业素质教育课程体系，通过职业素质教育课程体系的实施，提高高职院校学生职业素质，并使职业素质教育课程体系具有可操作性。

三、目前高职院校职业素质教育存在的主要问题

1. 片面理解人才培养目标，过分强调岗位技能

在我国高职教育始终倡导的"以就业为导向"、"以能力为本位"的现实背景下，高职院校片面地将"能力"理解为专业知识与技能范畴的现象十分普遍，体现在专业课程体系设置上就是加强专业课的比重，加大实习实训课程的比重，在专业课程教学组织中忽视对学生的职业道德意识、团队合作精神、敬业品质、抗压心理等职业素质要求的自然嵌入和深度渗透，这种明显的"就业功利性"对学生的可持续发展产生消极影响。虽然高职毕业生就业率高，但转岗率、离职率也高，职业素质已经成为制约学生发展的根本问题。

2. 缺少系统的职业素质教育课程体系

高职课程体系设置普遍存在着重技能轻素质、重就业轻发展的现象。有些高职院校开设了一些相关课程，但是开设课程的职业针对性不强，还仅停留在为了开课而开课的现状。有的高职院校的职业素质教育类课程基本上是空白。究其根本原因在于对职业素质教育的内涵认识不到位，片面地将开设的公共基础类课程理解为是职业素质教育课程，尚未将职业素质教育纳入专业人才培养方案，没有从学校层面对职业素质教育课程体系进行系统规划设计，真正的职业素质教育难

以落实。

3. 职业素质评价制度不健全

高职院校培养"高素质技术技能型人才"的标准应该来自职业和岗位，评价主体应包括学校、企业和个人。而高职院校素质教育管理方面尚未形成规范性和制度性的评价机制，教学过程中只对学生进行常规性评价，评价随意性较强，具有一定的主观性。

4. 存在着合力育人的障碍

高职素质教育是一项系统工程，由于素质教育工作没有纳入人才培养方案，使得大部分一线教师视职业素质教育与课堂无关，与己无关，造成仅有的职业素质教育课程流于形式。同时由于没有设置专门负责职业素质教育工作的综合协调部门，职业素质教育过程中涉及的教学单位、学生部门、团委等组织部门很难统一思想，共同完成职业素质教育目标。此外，校企双主体的职业素质教育模式尚不健全，育人合力无法形成。

第二节　学校层面基于全面素质教育培养的课程体系构建

一、高职院校职业素质教育课程体系构建的必要性

1. 高职院校全面实施职业素质教育的前提

高等职业教育兼有高等教育和职业教育的双重属性，职业素质教育课程体系的构建主要是在全面提升学生基本素质的基础上，着眼于为其未来的岗位及可持续发展服务。只有全面构建职业素质教育课程体系，并以人才培养方案等教学文件加以固化，才能在学校顶层设计上保障职业素质教育作为一条主线贯穿于教育教学的始终，才能使学生获得职业素质与能力的目标成为可能。

2. 提高职业素质教育实效性的保障

职业素质包括责任意识、诚信品质、敬业精神、遵纪守法意识、团队合作精神、沟通交流能力、创新创业能力等。职业素质的教育目标相比技能目标更为抽

象，职业素质教育的载体相比技能培养更为复杂，职业素质教育的评价相比技能评价更为灵活和多样。只有构建职业素质教育课程体系，按照课程建设标准，在教育教学过程中，将素质教育以"课程"作为基本要素进行管理，才能实现职业素质教育目标。

3. 凸显高职院校职业教育本义的需要

当前，我国高职教育已占据高等教育的半壁江山，处在内涵式发展阶段，职业素质教育将成为高职院校推动内涵发展、提高人才培养质量的目标追求。作为高职院校，必须将对职业素质教育的认识提高到对应试教育所做的综合性、立体性补偿的高度，才能真正理解高职教育的本义。通过职业素质教育课程体系的建立，将职业素质教育课程作为学生毕业的必修学分加以要求，能够使学生们感受到职业核心能力在其未来就业品质、职业迁移能力方面的重要性，提高学生自身的"职业人"认识。

二、高职院校职业素质教育课程体系的构建原则

1. 顶层设计原则

人才培养方案是专业建设的纲领性文件，要提高职业素质教育课程对实现人才培养目标的重要性认识，从学校顶层将素质教育课程的设置原则在人才培养方案中加以明确，系统化构建职业素质教育课程体系。

2. 目标模式原则

按照高职"高素质技术技能型人才"的培养目标要求，在培养学生基本素质的基础上，针对职业素质核心要素，以培养学生的职业理想、职业态度、职业适应能力为重点，并确定课程，组织课程内容，同时开展课程评价。

3. 多样化原则

高职教育学制短，课堂教学的课时有限，仅仅利用课堂教学难以完成职业素质教育目标，要通过第一课堂和第二课堂、校园文化活动和社会实践项目等多样化形式，构建完整的职业素质课程体系。

三、职业素质教育课程体系的构建

大连职业技术学院是教育部、财政部百所国家示范性高等职业院校。后示范校建设时期，学院在教育教学改革上不断探索创新，2012年5月启动了"教育

教学质量提升工程"，包括人才培养方案、课程基本资源、课程数字资源、教材建设、师资队伍建设、教育教学管理创新六个建设项目，经过两年半的建设，至2014年年末，各项任务目标基本完成，形成了阶段性成果。在后示范本校教育教学改革中，学院上下统一认识，进一步明确了职业素质的培养在提高人才培养质量中的重要作用，确定了"以学生为本，全面发展"的办学思想，将职业素质教育融入人才培养方案、纳入教学计划，构建了层次分明的模块化课程体系，为了保证职业素质教育贯穿人才培养全过程，还探索构建了配套的教学、管理与保障体系。

1. 全面修订人才培养方案，从学校顶层设计职业素质教育课程体系

学校全面系统调整和修订人才培养方案，明确地将职业素质教育纳入人才培养方案中，并规定职业素质教育学分。学校以培养学生的思想政治素质为基础，以培养职业精神、实践能力和人文素养为重点，遵循服务专业、支撑技能、提升职业素质的建设思路，将体系确定为行为养成、职业基础、职业技能、素质拓展四大模块，如表5-1所示。

表5-1 职业素质教育课程体系

素质模块及最低学分【32】	教育目标	对应课程及最低学分（活动项目）		课程（项目）性质	实施途径
行为养成【8】	学习习惯养成	日常行为百分考核	【4】	必修	日常考核
	行为习惯养成	军训	【2】		军事训练
		安全教育	【0.5】		讲座
	明礼守法	法律基础	【0.5】	必修	课堂教学
		思想道德修养	【1】	必修	课堂教学
职业基础【12】	树立职业理想	专业导入	【0.5】	必修	课堂教学
		职业设计指导	【1】	必修	课堂教学
	良好职业道德	职业道德专题	【0.5】	必修	课堂教学
	职业适应能力	心理健康	【1】	必修	课堂教学
		就业指导	【1】	必修	课堂教学
		人际交往技巧	【2】	必修	课堂教学
	理解企业精神	企业文化	【1】	必修	课堂教学
	人文修养可持续发展能力	文学、历史、哲学、艺术、自然科学系列课程	【4】	公共选修	课堂教学 慕课在线学习
		本科自学考试课程	【1】	视同公共选修	自主学习

续表

素质模块及最低学分【32】	教育目标	对应课程及最低学分（活动项目）		课程（项目）性质	实施途径
职业技能【6】	满足用人单位对员工的技能要求	职业资格证书	【6】	视同任意选修	自主学习
		相关技能证书		视同任意选修	自主学习
		外语等级相关证书		视同任意选修	自主学习
		计算机等级相关证书		视同任意选修	自主学习
		其他职业方面相关证书		视同任意选修	自主学习
素质拓展【6】	开发学生人力资源	社会实践项目	【6】	任意选修	学校组织
		志愿服务项目			学校组织
		社会工作项目		任意选修	学校组织
		社团活动项目			学校组织
		校园文化活动		任意选修	学校组织
		创新创业		任意选修	学校组织
	挖掘个人潜力，展示个人魅力	专利（外观设计、实用新型、发明）【2】		视同任意选修	奖励学分
		发表研究论文	【2】	视同任意选修	奖励学分
		技能大赛校级以上获奖	【2】	视同任意选修	奖励学分
		创业大赛	【2】	视同任意选修	奖励学分
		文体艺术竞赛校级以上获奖	【2】	视同任意选修	奖励学分

　　行为养成模块是对学生的基本行为养成及遵纪守法、道德修养等方面的教育；职业基础模块是对学生未来岗位所具备的通识素养的基本理论、技能的教育；职业技能模块是对学生在专业课程之外的职业技能的提升；素质拓展模块是通过校内外专门活动，培养学生职业核心能力。四个模块中，行为养成是基础，职业基础是核心，依次逐级递进，相互交融，构成了相对于专业课程独立的职业素质教育课程体系。

　　在教学实施上，职业素质教育课程分为三类：面向所有专业的必修课、体现专业特点的选修课程、符合学生个性需要的任意选修课程。职业素质教育学分作为毕业规定必须取得的学分。行为养成和职业基础模块属于必修和公共选修学分，模块间和模块内课程间的学分不可相互替代、充抵；职业技能、素质拓展模块属于任意选修学分，学生可以根据自己的爱好和特点，在模块内自由选择，但模块间的学分不可替代，只要获得本模块规定最低学分即可。四个模块最低学分的规定，意义在于每个模块的最低学分必须获得，取得的素质教育总学分才有效。但是为了充分调动学生参与各类技能大赛、文体艺术竞赛及参与科研的积极性，在素质拓展模块特设了各类竞赛及科研奖励学分，按照参与国家级、省级、校级等不同等级赋予不同学分，只有奖励学分可以替代任意选修学分。

职业素质教育课程体系的构建，旨在使学生更加明确自己未来岗位所要求具备的职业素质目标，能够更加主动参与职业素质教育课程学习，能够调动学校各种教育资源服务于职业素质教育。为了使学生入校就能明确素质教育课程的重要性，更加清楚素质教育课程的学习要求，学校专门制定了"职业素质教育学分实施细则"、"职业素质教育活动学分赋值标准"、"职业素质教育课程过程培养与评估手册"等系列管理办法，为学生提供优质的教学服务平台。

2. 组建无界化的职业素质教育团队，提供组织保障

为保证职业素质教育课程体系的实施，学校组建了无界化的职业素质教育团队。一是学校成立职业素质教育指导委员会，由院长担任主任，具体成员包括企业、行业协会代表及学校与职业素质教育直接相关的部门负责人，定期举行联席会议，把握职业素质需求信息，校企共同确立职业素质教育目标；二是指导委员会下设职业素质教育中心，由教务处代管中心工作，由分管教学院长兼任中心主任，统筹协调包括课程设计、实施、监督、反馈、评估、教师配备和各项保障在内的课程建设工作；三是团委和学生处负责以社会实践活动和素质拓展为主的第二课堂活动；四是建立毕业生跟踪调查体系，由招生就业办公室和学生处牵头，各个教学单位参与，共同对学生的就业水平、企业满意度等进行调查跟踪，跟踪结果作为对职业素质教育分析评价的依据。形成了在职业素质教育指导委员会统筹下，各部门明确分工、团结协作，全体教职工积极参与的工作格局，保证职业素质教育课程顺利实施。

3. 建立"三位一体"职业素质综合评价体系

"三位一体"主要是指通过职业素质学分认证体系、认证系统、认证办法来综合评价学生各个阶段的职业素质情况。

一是建立以教务处、学生处、团委牵头，各教学单位为主要负责单位的学生职业素质学分认证体系。重点对以实践项目、文化活动等为载体的素质模块赋予内涵及标准，保证学分的含金量，提高学分认证的严肃性和规范性。二是建立学生职业素质教育学分网络认证系统，职业素质教育各个负责单位都与教务管理系统相连接，进行学分认定、公示，保证多样化的学分认证的方便可操作。三是制

定《职业素质教育学分认定管理办法》，促使学生职业素质教育考评具有可操作性，并使其制度化、规范化。通过学生自评互评、教师对学生评价、企业对学生评价三个方面，全面对学生职业素质进行综合评定。

4. 构建"双主体"职业素质教育实施模式

职业素质的培养必须利用校企双方在人才培养方面各自的优势，构建"双主体"职业素质教育实施模式。从人才培养方案的制定、素质教育课程的设置与考核等环节都需要校企双方共同合作。通过"订单式"培养、"现代学徒制"试点，让企业直接参与到人才培养全过程，将企业文化、企业精神、职业道德、职业能力、团队精神等方面内容自然渗透到专业教学体系中。

职业素质教育已成为我国高等职业教育改革的核心，高职院校职业素质教育课程的构建是全面推进职业素质教育的重要前提，本书的研究还有很多不完善的地方，诸如，如何将职业素质教育与专业素养充分融合、具体课程及项目确定的科学性和完整性以及配套的教学管理等方面，都需要高职教育界的同仁在具体的教育教学实践中，结合学校各自的特点不断探索与完善。由于各个学校特点不同、教育教学资源情况不同，所构建的课程体系也不可能完全一致，需要高职院校不断进行创新与发展。

第三节　市场营销专业素质培养的探索和实践

在学校素质体系课程的构建中，从专业素质的特色要求方面，对市场营销专业的学生职业素质养成进行各种探索，形成了专业素质培养体系。

一、以第二课堂的设计进行素质培养尝试

第二课堂是为了全面提升学生综合素质而进行的除"第一课堂"以外的教育实践活动。第二课堂以其活动主体的自主性、内容的广泛性、形式的多样性、参与的实践性成为高职院校育人的重要载体。

在人才培养方案构建过程所进行的广泛市场调查中，包括了对市场营销专业学生岗位需要的职业素质进行了调查，总结和归纳出市场营销专业的素质体系，

并针对素质的培养提出了建议培养方式（如表 5-2 所示）。

表 5-2　市场营销专业素质结构

素质分类	内容	建议手段
道德素养	为人正直、诚实守信 职业道德 原则性、廉洁自律性	专业教育 思想政治理论课 相关实体工作企业的参观、认识、企业文化的学习
一般专业素质	全局观念，客户导向 进取心，富有开拓精神 工作主动性，自信心 风险防范意识 执着、坚毅的精神 能在压力下保持良好工作状态 身体健康	专业课程学习任务的完成 专业第二课堂活动 教师及辅导员的引导 营销综合培训项目
特殊专业素质	具有达到本专业培养目标所必须的市场营销专业知识与技能 适用的外语与计算机能力 解决本专业实际问题的能力 专业学习能力	专业课程的学习 基本技能训练 专业技能训练

除了"第一课堂"的教学外，在素质培养过程中主要借助于第二课堂的作用，为了更好地实现第二课堂的培养效果，因此，进行了市场营销专业的第二课堂设计。

目前专业内安排的第二课堂活动主要分为专业能力和专业素养两个模块共五个部分（如表 5-3 所示）。

表 5-3　第二课堂活动安排

模块	第二课堂活动名称	提升能力	提升素质	建议安排学期
专业能力	ERP 企业经营沙盘模拟大赛	企业经营战略规划能力 企业财务预算和成本控制的能力 计划、组织协调和控制的企业管理能力 团队合作能力	全局观念、客户导向 执着、坚毅的精神	第二学期
	以创新项目为依托的"陌拜"项目的实施	核心专业能力 客户拜访的能力和技巧 学生就业能力	能在压力下保持良好工作状态 解决本专业实际问题的能力 专业学习能力	第三学期

续表

模块	第二课堂活动名称	提升能力	提升素质	建议安排学期
专业能力	企业冠名市场营销实战大赛	市场调查与分析能力 市场开拓与商务能力 根据产品特点，有效推销的能力 销售成本预算能力 营销策划能力 客户咨询与服务管理能力	进取心，富有开拓精神 工作主动性，自信心 风险防范意识	第四、第五学期
专业素养	文化沙龙、读书报告会	口头与书面表达能力	文化素质 心理素质 商务礼仪	第一、第三学期
	名师讲堂、优秀毕业生分享会	沟通能力 理解与执行能力	职业道德 工作热情	第二、第四学期

1. 专业能力素质培养方面

学院结合全国教育部组织的职业技能大赛对学生进行专业能力的素质培养，目前共举办三个大赛项目：

（1）ERP 大赛。ERP 大赛是企业经营管理能力的大赛，学生通过组队，提高其团队合作、全局观念和客户导向的职业素质。

（2）企业冠名的营销大赛。以企业冠名的方式，从产品的选择、推广活动的开展、营销策略的选择、现场的销售等，提高学生对市场营销策略等方面的知识认识与学生的进取心，培养学生的开拓精神、工作主动性，自信心等职业素质；同时，也了解学生对企业评价标准的认识。

（3）"陌拜"项目的实施。学生就老师布置的任务，完成一些"陌拜"的任务，比如，完成产品的客户调查任务，完成与陌生教师的交流，等等，提高学生抗压能力、吃苦耐劳等职业素质。

设计的所有大赛都是小组项目，学生需要自主地组织人员、进行课后的练习、在比赛中共同地商议和讨论对策，同时，学生分别以不同的角色身份参与比赛，对其专业素质、沟通、协作意识等都是极好的锻炼。

2. 专业素质培养方面

通过活动的组织提高学生的专业素质和职业道德等。

（1）个人素质的提高。作为经济管理类学生，必须掌握现代企业管理文化，具备管理者所应该具备的各种素质。学院积极开展各类管理文化活动，例如，

"沐浴经典，沁润书香"文化沙龙系列活动；品悟文化读书报告会活动；"走进管理大师"图片展；"上善若水，美丽人生"礼仪报告会，等等。通过以上活动的开展，全面提高学生综合素质。

（2）职业道德、专业素质的提高。通过开展以专业学科为特色的名师讲座、优秀毕业生分享会、专业发展研讨会、专业文化沙龙、专业兴趣小组、企业老总访谈、参观企业等方式，不断创新第二课堂活动的方式方法，大力增强第二课堂教育效果的实效性。使学生充分了解现在企业员工应具备的基本职业素质，并在活动中渗透"先做人，后做事"等企业文化理念，帮助学生牢固树立"道德立身、诚信为本"的思想，培养学生的质量意识、规范意识、责任意识和承受挫折与挑战的素质，争做文明道德的典范，使学生初步形成了符合专业特点的职业道德意识和行为的习惯。

在第二课堂的实践中，主要有特色的活动是学长课堂的开展，每年都有毕业的专业同学就其所从事工作的经历、经验等方面与下几届同学进行交流，这对提高学生的职业素养起到了很重要的作用。

二、大赛项目开发与职业素质的培养

在近几年高职教育教学的改革中，各专业都注重了对专业技能大赛的开展，并"以赛代练"来促进职业技能，市场营销专业在实践的过程中，也积极通过开发大赛项目带动实践教学，同时，也关注和融入了职业素质的培养。

1. 团队项目的开展，提高学生的团队合作意识

ERP企业经营沙盘模拟大赛利用用友商战版电子沙盘，以五人为一组组建一个企业，模拟经营六年；企业冠名市场营销实战大赛是一项面向学生的营销实践技能与创新创业能力竞赛活动。大赛要求参赛团队以企业真实的产品为任务进行市场调研、营销策划、销售和品牌宣传实施等竞赛环节。团队成员在五人以上，其能够提高学生的市场调查与分析能力、市场开拓与商务能力、有效推销的能力、销售成本预算能力和营销策划能力，培养了学生的专业综合素质；以创新项目为依托的"陌拜"项目的实施，学生以小组参赛方式完成各种陌生拜访任务，使学生不仅学会集体工作方式，也体会团队工作中互相分享的乐趣等。

2. 大赛项目的组织方式通过"传帮带方式"，提高学生的合作、服从的意识

以ERP大赛为例。专业在"第一课堂"的教学中，有企业经营管理的理实

一体化的课程，学生通过课堂掌握 ERP 大赛的规则，然后参加校内组织的 ERP 大赛；通过选拔，参加省赛和国赛。在这个过程中，第二课堂的组织主要以学校组织的"ERP"企业管理社团负责管理学生的业余训练。为了更好地参加省赛，在每一组的小组组成过程中，其中一名学生来自上一年级参加过省赛、校赛的选手，其他四名队友来自下一个年级，组织一个有梯队的团队，进行训练，最终参加各种比赛。在小组中，有经验的上一年级的同学，既可以负责对训练的指导，也可以全面负责团队在大赛中策略的选择，起到指导、协调的作用。

"传帮带的组队方式"更好地提高了学生的合作和在团队中服从的意识等，更好地提高了学生的职业素质。

3. 在大赛的规则设计、考核指标设计等方面，注重培养学生的职业素质

以市场营销综合技能大赛的三个阶段的评价指标为例（内容详见第四章第四节中的表 4-10~表 4-12），在这些指标的设计中，多侧重学生职业素质的考评，从而提高学生的职业素质。

在这些指标中，包括了对市场营销专业的职业素质的养成教育以及表达能力、团队配合能力等。

三、学生在顶岗实习中贯穿职业素质的培养

为了提高学生的职业能力，在市场营销专业的人才培养过程中，针对岗位核心能力的培养设计了 2~3 周的岗位实习，比如，针对推销能力的培养设计了三周的顶岗实习等。

根据顶岗实习实训的特点，结合市场营销专业对学生职业素质的要求，在顶岗实习实训中，注重学生的专业素质的培养设计。

1. 顶岗中的团队管理

在顶岗实习的过程中，分成小组与企业进行对接，每一个小组都设组长、副组长各一名，在实习的过程中对小组进行管理。负责与企业、老师的对接，负责本小组成员的日常管理，每天实习结束后向负责实习的老师汇报工作中的问题；针对学生对企业、实习不清楚的问题，负责与企业沟通；每日下班后，小组长与班长每次都一起组织学生在指定时间统一搭乘接送车返校。通过这些管理方式，促进学生对集体、合作的认识。

2. 学习内容和总结侧重

学生在顶岗实习中，除了对促销能力的考核外，也将自己在实习过程中的收获写成文字报告，其内容包括对实习过程的小组团队的自我评价，对单位的领导和同事相处过程的问题以及自己的看法，并在实习结束后进行分享，分析对工作关系的认识、解决问题的方式和方法。这样既锻炼了学生在工作中解决各种人际关系问题的能力，又提高了学生的职业素养。

3. 考核方式的确定与职业素质养成教育

在考核过程中，注意培养学生在工作中的职业意识和服从意识，尤其是学生对岗位实习中的劳动纪律遵守情况，并对违反了劳动纪律的同学，其实习成绩为零。

总之，在实习过程中，除了掌握专业技能外，也注意学生职业素质的养成教育，提高了学生的职业意识和素养，这些给学生的就业带来了很好的促进作用。

附　录

附录一　市场营销专业人才需求调研使用的工具

一、市场营销专业人才需求调研访谈问卷

市场营销专业人才需求调研访谈问卷如附表 1-1 所示。

附表 1-1　市场营销专业人才需求调研访谈问卷

调研时间：	调研对象：
调研地点：	调研形式：
调研内容： 1. 请您从下面选项中选择合适的内容填入括号中 （1）贵公司现有规模是（　　　）。 A. 30 人以下　　　B. 31-100 人　　　C. 101-200 人　　　D. 200 人以上 （2）贵公司招聘时，对人才的学历要求是（　　　）。 A. 大专以下学历　B. 大专学历　　　C. 本科学历　　　D. 研究生及以上学历　E.其他 （3）贵公司对所招聘的市场营销专业毕业生的英语能力有何要求？（　　　） A. 英语三级　　　B. 英语四级　　　C. 英语六级　　　D. 注重英语实际应用能力 E. 不看重考级证书 （4）从业务工作来看，您认为以下知识内容根据重要性程度依次排前六个方面的知识是哪些？（　　　） A. 市场营销　　　B. 经济学　　　　C. 会计基础　　　D. 市场调查与预测　　　E. 营销心理学 F. 连锁经营与分销　　　　　G. 企业管理　　　H. 人力资源　　　I. 商务礼仪 J. 财务管理　　K. 促销管理　　　L. 网络营销　　　M. 营销策划　　　　　N. 门店运营与管理 O. 其他 （5）贵公司对前来应聘的应届毕业生，更看重（　　　）方面条件。 A. 英语能力　　　　　　　B. 计算机应用能力　　　　　　C. 市场营销专业基础知识 D. 驾驶证等其他证书　　　E. 整体形象　　　　　　　　　F. 其他 （6）对企业来说，所需人才最重要的三个素质按由高到低进行排序：＿＿＿＿＿＿＿＿＿＿。 A. 忠实诚信　　　B. 认真仔细　　　C. 态度积极　　　D. 责任心强　　　E. 吃苦耐劳	

F. 身体健康	G. 敬业精神	H. 团队合作	I. 其他

(7) 贵公司所需的人才应具备的基本能力依重要性排序前三位的是：_____。

A. 沟通能力　　　　　　　B. 语言表达能力　　　　　　C. 商务谈判能力

D. 书面表达能力　　　　　E. 公关能力　　　　　　　　F. 组织能力

G. 策划能力　　　　　　　H. 其他

(8) 贵公司所需营销人才的类型是（　　　）。

A. 市场调研　　B. 市场开发　　C. 营销管理　　D. 营销策划　　E. 咨询服务

F. 公关策划　　G. 售前顾问　　H. 售后服务　　I. 其他

(9) 贵公司招聘基层员工时，首选哪一类人员？（　　　）

A. 参加工作1~2年并有一定工作经验的员工　　　　　B. 刚刚从学校毕业的应届大学生

C. 参加工作3~5年以上的业务骨干　　　　　　　　　D. 其他

(10) 您觉得应届大学生适应岗位工作时，所面临的主要三个困难是（　　　）。

A. 工作经验不足　　　　　B. 专业基础知识不扎实　　　C. 缺乏吃苦耐劳精神

D. 动手操作能力差　　　　E. 人际交往能力差　　　　　F. 书面表达能力差

G. 不充分了解相关法律法规知识　　　　　　　　　　H. 创新能力不足

I. 其他

(11) 贵公司有没有与高校建立合作关系？（　　　　　）

A. 有　　　　　　　B. 没有

如果有，主要是什么形式（员工培训、项目开发、技术指导、实习基地等）？_____

(12) 贵公司招聘应届毕业生时的主要渠道是（　　　）。

A. 政府组织的每年两次的大型招聘会　　B. 参加高校校园招聘会　　C. 网上人才市场招聘

D. 学生自荐　　　　　　　　　　　　　E. 他人推荐　　　　　　F. 其他

2. 问答

(1) 贵公司的名称和性质？

(2) 贵公司在市场营销专业相应岗位设置的现况？

(3) 贵公司与市场营销专业对应岗位设置的未来需求情况（三年内）？

(4) 贵公司与市场营销专业对应的岗位从业人员基本情况及结构（性别、年龄、学历比例等）？

(5) 贵公司需要市场营销专业的毕业生具备哪些职业岗位专业知识？

(6) 贵公司需要市场营销专业毕业生具备哪些实际能力？

(7) 贵公司需要市场营销专业学生具备哪些职业资格证书？

(8) 贵单位招收应届市场营销专业毕业生的月薪奖金及待遇？

参与调研人员信息：	被调研人员签字盖章：

二、关于企业各岗位知识、素质与技能的调查问卷

您好！

　　很抱歉在百忙之中打扰您！为了深入了解企业中各岗位对知识、素质和能力的要求，帮助我们更好地制定市场营销专业的人才培养方案，我们进行了这次问卷调查，您的意见将是我们进行教学改革的重要依据，希望能得到您的支持。请您在符合您的情况或意见的选项代号上打上"√"。非常感谢您的参与！

大连职业技术学院市场营销专业

2012年8月

1. 您的基本情况

（1）您的年龄：　　　A. 24 岁以下　　　B. 25 岁~29 岁　　　C. 30 岁~35 岁

D. 36 岁~40 岁　　　E. 41 岁以上

（2）性别：　　　　　A. 男　　　　　　B. 女

（3）学历：　　　　　A. 中专、高中　　B. 大专　　　　　　C. 本科及以上

2. 您的专业

（1）您目前的岗位是：

（2）您在本岗位就职的时间：　A. 2 年以下　　　B. 3~4 年

C. 5~6 年　　　　D. 7 年以上

（3）您的税前收入是：　　　　A. 1500 元以下　B. 1500~2000 元

C. 2000~3000 元　D. 3000~5000 元

E. 5000 元以上

3. 您的工作岗位对知识、素质和能力的要求

您认为对于您目前从事的岗位来说，分别依每一项知识、能力、素质的重要程度进行排序。

（1）基础知识

A. 外语　　　　　B.　计算机知识　C. 礼仪　　　　　D. 政策法规

您的排序是：＿＿＿＿＿＿＿＿＿＿＿＿＿＿＿＿＿＿＿＿＿＿＿＿＿＿。

（2）专业知识

A. 市场营销　　　B. 经济学　　　　C. 会计基础　　　D. 市场调查与预测

E. 营销心理学　　F. 连锁经营与分销 G. 企业管理　　　H. 人力资源

I. 财务管理　　　J. 促销管理　　　K. 网络营销　　　L. 营销策划

M. 门店运营与管理　　　　　　　　N. 统计学

您的前六个排序是：＿＿＿＿＿＿＿＿＿＿＿＿＿＿＿＿＿＿＿＿＿＿。

（3）能力

A. 外语应用能力　B. 计算机操作能力　　C. 语言表达能力

D. 书面表达能力　E. 演讲能力　　　　　F. 公关能力　　　G. 人际沟通能力

H. 团队合作能力　I. 理解执行能力　　　J. 计划能力　　K. 组织管理能力

L. 创新能力　　　M. 抗挫折能力　　　　N. 专业操作能力

您的前五个排序是：＿＿＿＿＿＿＿＿＿＿＿＿＿＿＿＿＿＿＿＿＿＿。

（4）素质

A. 忠实诚信   B. 认真仔细   C. 态度积极   D. 责任心强

E. 吃苦耐劳   F. 身体健康   G. 敬业精神   H. 其他

您的前五个排序是：＿＿＿＿＿＿＿＿＿＿＿＿＿＿＿＿＿＿＿。

4. 自由回答

您的每一句话，甚至每一个字，都是对我们、对教育的莫大支持，感谢您的帮助。

（1）您每天的主要工作任务是（具体写出三项及以上）：

（2）您的工作岗位最需要的

A. 知识是：＿＿＿＿＿＿＿＿＿＿＿＿＿＿＿＿＿＿

B. 能力是：＿＿＿＿＿＿＿＿＿＿＿＿＿＿＿＿＿＿

（3）您对目前的工作是（   ）。

A. 满意   B. 一般   C. 不满意

（4）如果有机会，您会选择您公司的什么岗位？

（5）您参加过和职业相关的培训吗？（   ）

A. 没有   B. 参加过

（6）如果有机会学习，您最想补充哪方面的知识？

（7）您最想提高哪方面的能力：

＿＿＿＿＿＿＿＿＿＿＿＿＿＿＿＿＿＿＿＿＿＿＿＿＿＿＿＿

（8）如果您给在校的学生提建议，您最想提的三个建议（按照重点程度从高到低进行排序）

A. 关于职业素质方面   B. 关于专业课程学习

C. 关于外语学习   D. 关于计算机学习

E. 关于人际沟通   F. 关于社会实践

G. 关于拓展知识学习方面   H. 其他

您的前三个排序是：＿＿＿＿＿＿＿＿＿＿＿＿＿＿＿＿＿＿＿。

（9）对本次调查，您还有哪些相关建议，请您写在下面。

＿＿＿＿＿＿＿＿＿＿＿＿＿＿＿＿＿＿＿＿＿＿＿＿＿＿＿＿

再次感谢您的合作，谢谢！

大连职业技术学院市场营销专业

2012 年 8 月

附录二　实践教学管理相关表格及文件

一、实训教学任务书

实训教学任务书如附表 2-1 所示。

附表 2-1　学年第　学期专业实训教学任务书

部门：　　　　　　　　　　　　　　　　　　　　　　　学院负责人签字：

序号	专业年级	班级	学生数	实训名称	教学安排		运行时间（周数）	负责人	备注
					周数	合计			

说明：返回时间。

二、实训教学进度表

实训教学进度表如附表 2-2、附表 2-3 所示。

附表 2-2　实训教学进程表（一）

20-20 学年第　学期

实训项目			人数	
学院		专业班级		
周次		自　年　月　日至　年　月　日		
教学进度安排				
起止时间	内容摘要		实训地点	指导教师

制订人：　　　　　　制订时间：　　年　月　日
专业主任：　　　　　教学主任：　　（签字盖章）

　　说明：内容摘要栏填写学生训练内容的概括，能够让阅读者看清学生具体的训练内容，不要简单地填写"实训一或项目一"等内容。

附表 2-3　实践教学进程表（二）

20-20 学年第　学期

部门		专业		年级				班次	实践周数	
周次	日期	实践项目	实践形式					地点	主讲或指导教师	
			公益劳动	社会调查	模拟训练	专家讲座	专业实践	岗位实践		

　　注：（1）此表一式三份，各院系自留一份，教务处一份，督导室一份
　　　　（2）以一个实践项目为单位填写并画线，一页不够另起一页，宋体 5 号

制订人：　　　　　　制订时间：　　年　月　日
专业负责人：　　　　院系负责人：

三、实训耗材使用计划表

实训耗材使用计划表如附表 2-4 所示。

附表 2-4 学院实训耗材使用计划表

专业：年~ 年度第 学期

班级	人数	分组数	实训课程	实训项目	课时	实训地点	使用设备	耗材名称	材质	尺寸规格参数	数量	实训教师

四、实训耗材总汇明细表

实训耗材总汇明细表如附表 2-5 所示。

附表 2-5 学院实训耗材总汇明细表

年~ 年度第 学期   填表时间：   年 月 日

序号	品名	材质	尺寸规格、参数	技术要求	参考品牌	单位	单价(元)	数量	总价(元)
合计金额									

五、实训室使用情况（周课程表）

实训室使用情况（周课程表）如附表 2-6 所示。

附表 2-6　学年第　学期实训室使用情况一览表

星期	节次	班级	课程名称	考核	开课周	实训室	教师名称	课数	周数	总课时	各实训室课时

六、分散实习申请表

分散实习申请表如附表 2-7 所示。

附表 2-7　分散实习申请表

系（分院）：

姓名		专业班级	
性别		本人电话	
实习单位	名称		联系人	
	地址		电话	
	本人签字： 　　　　　年　　月　　日			
辅导员意见： 　　　　签字： 　　　　　年　　月　　日	实习单位意见： 　　　　实习单位盖章： 　　　　　年　　月　　日			

家长意见：	专业教研室意见：
家长签字： 年　月　日	签字： 年　月　日
系意见：	教务处意见：
签字： 年　月　日	签字： 年　月　日

七、分散实习汇总表

分散实习汇总表如附表 2-8 所示。

附表 2-8　分散实习汇总表

序号	专业班级	姓名	联系电话	实习单位	指导老师	联系电话

制表人：（签字）　　　　　　　　　　部门负责人：（签字）

八、毕业生顶岗实习登记表

毕业生顶岗实习登记表如附表 2-9 所示。

附表 2-9　大连职业技术学院学生毕业顶岗实习登记表

系别（公章）			专业班级		系主任签字		填表日期	
序号	学生信息（以班级为单位）				实习题目	院内指导教师信息		实习单位信息		
	姓名	性别	联系电话	家庭固话		教师姓名	职称	单位名称	指导教师	联系电话

九、毕业顶岗实习成绩考核表

毕业顶岗实习成绩考核表如附表 2-10 所示。

附表 2-10　毕业顶岗实习成绩考核表

教学单位：

学生姓名			
实习单位			
实习时间	自　年　月　日至　年　月　日		
实习内容：			

企业指导教师评价：	
   成绩 指导教师签名： 年　月　日	
校内指导教师评价：	总评成绩
     指导教师签名： 年　月　日	

　　注：成绩按优、良、中、及格、不及格评定。

十、文件

《＊＊＊》实践教学设计书

＊＊＊实训

系别：

班级：

学期：

教师：

1. 教学目标

2. 教学内容

3. 教学要求

4. 教学时间安排

5. 考核方案

6. 小结

天数或小时	内容摘要	场地

附录三　大连职业技术学院市场营销专业建设大事记

1997 年 9 月　大连职业技术学院市场营销专业成立并招生

2004 年 4 月　《市场营销》课程成为学校精品课程

2007 年 10 月　市场营销专业成为国家示范校建设物流专业建设群专业之一，2010 年 10 月通过项目验收

2009 年 6 月　《企业运行与组织》建成辽宁省精品课程

2011 年 5 月　获得辽宁省 ERP 企业模拟经营技能大赛一等奖

2011 年 7 月　获得全国 ERP 企业模拟经营技能大赛三等奖

2012 年 6 月　获得辽宁省 ERP 企业模拟经营技能大赛二等奖

2012 年 6 月至 2014 年 6 月　对专业人才培养方案进行了重新构建，取得了阶段性的建设成果

2013 年 6 月　获得辽宁省 ERP 企业模拟经营技能大赛一等奖

2013 年 10 月 21 日 "辽宁省对接产业集群省级职业教育示范专业" 2013 年立项建设

2014 年 5 月 获得辽宁省市场营销技能大赛二等奖

2014 年 6 月 获得辽宁省 ERP 企业模拟经营技能大赛一等奖

2014 年 12 月 获得学校就业工作优秀团队

2015 年 5 月 获得辽宁省市场营销技能大赛一等奖

2015 年 6 月 获得全国市场营销技能大赛三等奖

2015 年 10 月 程虹、郭美娜、郭兆平、王潇潇等老师获得辽宁省信息化建设二等奖两个、三等奖一个、优秀奖一个

参 考 文 献

[1] 李国艳，吴宝. 高职院校职业素质教育课程体系的构建研究 [J]. 中国职业技术教育，2015（18）：87-89.

[2] 李国艳，郭兆平. 创新实践教学体系培养高素质物流管理人才 [J]. 中国职业技术教育，2013（32）：11-14.

[3] 陈解放. 基于中国国情的工学结合人才培养模式实施路径选择 [J]. 中国高教研究，2007（7）：52-54.

[4] 郭兆平. 高职专业课程体系重构实践中的主要问题与对策研究 [J]. 辽宁高职学报，2015（8）：77-79.

[5] 周丙洋，马云峰. 融合与创新：现阶段高职素质教育的体系化建设 [J]. 学校党建与思想教育，2014（3）：71.

[6] 陈和. 高职院校职业素质教育课程体系的构建 [J]. 江苏高教，2008（2）：127-128.

[7] 张庆奎，周春燕. 大学生素质教育与理论 [J]. 江苏高教，2004（5）：89-91.

[8] 宋丽丽. 高职"五化一体"职业素质教育模式的实践 [J]. 辽宁高职学报，2014（10）：73-76.

[9] 王雪梅. 基于能力导向的高职会计专业实践教学重构的研究 [J]. 中国管理信息化，2012（5）：125-127.

[10] 徐小慧. 高职房地产专业课程体系的结构与重构初探 [J]. 企业导报，2009（1）：180-181.

[11] 饶坤罗. 高职物流管理专业课程体系构建研究 [J]. 科学时代，2010（19）：136-137.

[12] 黄洁琦. 高职院校经济管理类专业课程体系重构初探 [J]. 产业与科学论

坛，2011（2）：108-109.

［13］李国艳，田鸣. 系统化实践教学体系（第一版）［M］. 北京：经济管理出版社，2012.